Voyageuse

solo

ISBN : 978-2-37883-218-6

Chloé Demaison

Voyageuse solo

LE GUIDE PRATIQUE POUR LES FEMMES
QUI VEULENT VOYAGER SEULES

KiWi

Avant-propos

Chère aventurière,

Bienvenue dans *Voyageuse Solo*, le guide 100 % dédié au voyage solo au féminin. Ce livre a une ambition : rendre le voyage en solitaire accessible à toutes les femmes. Partir seule en voyage, ce n'est jamais évident. On se pose tellement de questions : une fille toute seule qui voyage, c'est risqué non ? Est-ce que je vais me sentir seule ? Est-ce que je suis assez débrouillarde ?
Chaque année, plus de 138 millions de femmes dans le monde voyagent seules et pourtant, nombreuses sont celles qui n'osent pas se lancer. Souvent par peur de se sentir en insécurité, de se sentir seule ou de ne pas réussir à se débrouiller par elle-même dans un pays étranger. Alors, pour encourager toutes ces femmes à se lancer dans l'aventure de leur vie et les accompagner, j'ai décidé d'écrire ce livre.
Mais avant de te laisser vagabonder entre les pages du guide, laisse-moi te raconter l'histoire de ce projet.

On commence par faire les présentations ?

Moi, c'est Chloé, j'ai 25 ans et je suis toulousaine. En 2020, j'ai décidé de partir 5 semaines en voyage avec, comme seul compagnon de route, mon sac à dos. Ça a été l'une des plus belles expériences de ma vie. À mon retour en France, beaucoup de femmes autour de moi m'ont demandé comment j'avais fait pour voyager seule. Car elles rêvaient, elles aussi, de partir mais étaient terrifiées à l'idée de se lancer.

Après quelques recherches, je me suis rendu compte qu'il existait une multitude de ressources et d'outils pour faciliter la vie des voyageuses solo, mais qu'aucun guide ne réunissait à la fois : des conseils, des témoignages et des outils pour aider les femmes qui veulent voyager seules. Et là, j'ai eu un déclic. J'ai eu envie de créer quelque chose qui permettrait de réunir tout ça au même endroit. Pour que les futures voyageuses solo aient toutes les clés entre leurs mains pour concrétiser leur projet de voyage et partir sereines.

Célébrer l'indépendance des femmes par le voyage

Ce livre a été un véritable voyage pour moi. J'ai parcouru des dizaines et des dizaines d'articles, de podcasts, de témoignages sur des sujets très divers auxquels je n'aurais pas pensé m'intéresser pour l'écriture de ce livre : droits des femmes, discriminations, racisme, menstruations, contraception, solitude, etc. Je me suis documentée sur de nombreux sujets pour mieux comprendre les problématiques que peut rencontrer une femme qui voyage seule en 2023. Écrire ce livre, lire et écouter des récits de voyage féminin, a clairement renforcé ma conviction féministe. J'ai non seulement compris que le voyage solo était un moyen pour nous, les femmes, de nous émanciper, de célébrer notre indépendance, mais aussi que femmes et hommes ne sont pas égaux (une fois de plus…) face aux difficultés qu'incombe le voyage en solitaire.

Ces femmes qui se sont battues pour le voyage solitaire au féminin

Le voyage solo au féminin est un sujet qui ne date pas d'hier ! Au fil des siècles, de nombreuses femmes ont bravé l'interdit, parfois au péril de leur vie, pour explorer le monde en solo, rompre avec les conventions de leur époque, briser les préjugés et mettre fin aux discriminations raciales. Pour n'en citer que quelques-unes :

- Jeanne Barret (1740 – 1807), une exploratrice française qui s'est fait passer pour un homme pour voyager en mer aux quatre coins du monde aux côtés de l'explorateur Bougainville ;
- Nellie Bly (1864 – 1922), voyageuse solo iconique qui a réalisé un tour du monde en solitaire en 72 jours ;
- Amelia Earhart (1897 – 1937), première femme à avoir traversé l'océan Atlantique en avion ;
- Junko Tabei (1939 – 2016), première femme à atteindre le sommet de l'Everest.

Ida B. Wells-Barnett était une journaliste et une féministe afro-américaine. Militante pour les droits civiques, elle voyageait très régulièrement en train, seule ou accompagnée. Elle a été très souvent sujette à des discriminations à bord des trains dans lesquels elle voyageait. En 1884, elle a porté plainte contre une compagnie ferroviaire dans laquelle on lui avait ordonné de laisser sa place de première classe pour se rendre dans un autre wagon bien moins coté. 71 ans avant Rosa Parks, elle refuse de laisser sa place.

L'histoire des voyageuses solo est passionnante. Elle reflète le combat des femmes pour l'égalité des sexes et les difficultés qu'elles rencontraient lorsqu'elles voyageaient seules. Des problématiques qui sont, malheureusement, toujours d'actualité.

Objectifs du livre

L'objectif est de traiter en profondeur les problématiques qui freinent les femmes qui veulent voyager seules. Les guider grâce à des conseils de femmes qui ont déjà tenté l'expérience. Après quelques recherches avant de me lancer dans ce projet, je me suis rendu compte que beaucoup de guides de voyage traitaient de sujets ultra genrés lorsqu'il s'agissait du voyage au féminin : faire du shopping, trouver un spa à Bangkok, bien préparer sa valise de fille, comment écrire un journal intime de voyage… Ce sont loin d'être nos premières préoccupations lorsqu'on cherche à savoir si on veut se lancer ou non dans l'aventure. Vous ne trouverez pas dans ce guide des astuces pour s'épiler sans rasoir, ni cire ou encore où manger healthy à Rio. Il a pour principe de rassurer, de guider et d'encourager les femmes qui veulent se lancer, malgré les multiples contraintes que le monde nous impose et que nous nous imposons à nous-mêmes.

Positionnement féminin du livre

On me demande souvent pourquoi j'ai pris le parti d'écrire un livre uniquement dédié aux femmes. J'ai vécu le voyage solo en tant que femme, je suis persuadée que si j'avais été un homme, je n'aurais pas vécu le même voyage. Je n'aurais pas subi de harcèlement de rue quotidien et je ne serais sûrement pas rentrée à mon auberge de jeunesse tous les soirs avant la tombée de la nuit pour éviter de faire de mauvaises rencontres. Ce projet est né d'un constat : les femmes se sentent plus largement en insécurité lors d'un voyage en solo que les hommes. L'objectif est de proposer des solutions, des alternatives pour accompagner les femmes dans leur réflexion et projet de voyage solo pour qu'elles puissent partir sereines et accomplir leur projet. De nombreux conseils peuvent bien évidemment s'adresser à un public masculin, mais ce n'est pas là l'objet de mon récit ni de mon travail de recherche. Ce que je souhaite souligner à travers ce livre, c'est que nous, les femmes, avons en voyage solo des craintes et des problématiques différentes de celles des hommes.

Méthodologie

Voyageuse Solo c'est avant tout un travail de recherche. En un an, j'ai recueilli 16 témoignages de voyageuses solo pour trouver des solutions concrètes et accessibles à toutes pour voyager sereinement.
Je suis également partie à la rencontre de femmes qui rêvent de se lancer, mais qui n'ont encore jamais osé sauter le pas, pour comprendre leurs problématiques, leurs craintes et ainsi mieux répondre à leurs besoins.

Comment je m'y suis prise ? J'ai commencé par mettre sur le papier, toutes les difficultés que j'avais rencontrées avant et pendant mon voyage solo. À partir de là, j'ai construit un questionnaire de 15 questions destinées aux femmes qui souhaitent se lancer dans un voyage en solitaire. L'objectif était d'évaluer si les difficultés que j'avais rencontrées avant mon voyage (peur de la solitude et de l'insécurité, manque de confiance en soi, organisation du voyage etc.) étaient représentatives de celles que pouvaient rencontrer les autres femmes. J'ai obtenu, à ce jour, 136 réponses. D'ailleurs l'enquête est toujours ouverte ! Si vous souhaitez apporter votre pierre à l'édifice, j'en serais ravie.

Rendez-vous sur le lien en bio de la page Instagram Voyageuse Solo pour répondre au questionnaire, ça ne vous prendra pas plus de 2 minutes de votre temps.
À partir des données récoltées, j'ai créé un nouveau questionnaire mais qui était, cette fois-ci, destiné aux femmes qui avaient déjà voyagé seules. J'ai eu la chance de pouvoir interviewer une vingtaine de voyageuses solo, aux profils et expériences variés, et de leur poser les questions que se posent la majorité des femmes qui souhaiteraient se lancer dans un voyage en solitaire.

Pour compléter les données que j'avais récoltées, je suis également allée chercher du côté des professionnels ainsi que dans des ressources complémentaires (articles de presse, études quantitatives, récits de voyage et témoignages, discussions sur des forums, etc.) sur certaines thématiques qui, selon moi, méritaient d'être approfondies.
Enfin, j'ai voulu clôturer ce guide, en répertoriant tous les outils que j'ai pu trouver et que l'on m'a conseillés au fil de mes recherches, pour améliorer le quotidien des voyageuses solo : applications, groupes d'échanges, blogs, sites web, livres, podcasts, etc.

C'est en m'appuyant sur l'ensemble de ces données ainsi que sur mon expérience personnelle que j'ai construit *Voyageuse Solo* : un guide qui, je l'espère, vous apportera toutes les clés pour préparer au mieux votre grande aventure.

Bon voyage

Remerciements

Ce projet n'aurait jamais vu le jour sans vous.
Merci à tous nos généreux contributeurs qui ont participé à la campagne de crowdfunding de *Voyageuse Solo* et sans qui le projet n'aurait jamais vu le jour.
Merci à Ulule et au programme « Les Elles by Contrex », partenaires du projet depuis ses prémices qui ont permis de financer une partie de la campagne de crowdfunding, de réaliser la vidéo de promotion du projet et d'apporter de la visibilité au guide.
Merci à toutes les personnes qui ont participé à la « Grande Enquête » et qui ont pris de leur temps pour répondre au questionnaire.
Merci aux 17 aventurières qui ont participé aux interviews : Jahyka, Elisa, Céline, Aude, Elena, Fanny, Yuan Yuan, Caroline, May, Léopoldine, Sabrina, Cathy, Jenny, Marlène, Isaline, Hyo et Cindy.
Merci à Julie alias Atelier Hauyne, illustratrice et amie, qui a réalisé la première couverture du guide et qui a été d'un énorme soutien depuis le début du projet.
Merci à toutes les figurantes bénévoles qui ont eu la gentillesse de m'accorder de leur temps pour participer au tournage de la vidéo de promotion du projet : Marianne, Agnès, Laure, Victoria et Mélanie.
Merci aux bêta-lecteurs et bêta-lectrices bénévoles : Corinne, Christophe, Fanny.S, Fanny.M, Katell, Aurélie, Élisabeth, Georgette et Mathias qui ont relu minutieusement chaque ligne du manuscrit.
Merci à Marine.E, Marine.V et Noémie du CDPEF de Toulouse pour leurs précieux conseils sur la contraception. Merci également à Emilie, responsable marketing digital chez « Copines de Voyage » et à Suzanna, commerciale chez « Chapka » d'avoir accepté de répondre à mes questions et de m'avoir éclairée sur les thématiques du covoyage et de l'assurance voyage.
Merci à toutes les personnes qui suivent et soutiennent le projet sur les réseaux sociaux depuis le début de l'aventure.
Merci à tous mes proches : mes parents, mon petit frère, mon copain et mes ami.e.s qui m'ont toujours soutenue dans mes projets les plus fous.

Sans eux, je ne serais pas arrivée jusqu'ici.
La liste est longue, vous êtes nombreux à avoir participé à ce projet et à l'avoir soutenu. Je n'ai pas les mots pour vous exprimer ma gratitude, vous avez été incroyables.
Merci

Les contributeurs

Un immense merci à tous les contributeurs Ulule !

Marie Grzeskowiak
Camille Marsteau
Axelle Agosta-Checa
Julie Tang
Adélaïde Beaurepaire
Mélanie Darzacq
Laure Bertrin
Alixia Thuau
Elodie Dubuffet
Laurence Fevrier
Margot, Madison & Corinne Lacroix
Elisabeth Rodier
Arielle Pianegonda
Justine Montaurier
Anne-Frédérique Frigerri
Laura Croix
Georgette Coste
Elena Rodier
Auristelle Darteyron
Marie Lacombe
Karine Villers
Jean luc Rodier
Coralie Desmants
Rémi Ségura
Sébastien Donaty
Pierre Fraysse
Gisèle Gueller
Caroline Mermet-au-Louis
Christella Vacaresse
Ophélie Gaucher
Tilda Cassan
Caroline Mothe
Karine Tricot
Sabine Mairesse
Olivier Mas
Claire Grzeskowiak
Vincent Mota
Isabel Roger
Hasna Belrhiti
Christophe Demaison
Catherine Dubois
Romain Bouix
Méghane Lagorce

Sylvie Bessette
Sophie Demaison
Nathalie Treuil
Fany Roger
Eve Martiniau
Helisende Sala
Camille Miquerol
Marie-Line Matteoni
Nina Pagerie
Jasmine Vadaine
Léo Alberer
Myriam Janin
Aude Grosbois
Mathias Rodier
Corinne Garnier
Agnès Tixier-Coste
Barbara De Amorim
Sandra Laborie
Laura Mary
Melissa Djerbi
Fanny Souric
Katell Petit

Marc Hung
Nathanaëlle Guisset
Kelly Luu
Denise Garnier
Monique Marechal
Marianne Cunnac
Emmanuel Alexiou
Marie Bouquier
Laurence Sauret
Sophie Josephine
Alice Elia
Lucie François
Anne Friggeri
Sophie Lafitte
Léna Demaison
Laurent Demaison
Laurence Dalemans
Damien Duwooz
Johanna Toxopeus
Leïla Bordie-Randera

Sommaire

Partie I - Les grandes questions 17
Pourquoi voyager seule ? ...19
Quand partir seule ?.........26
Comment organiser son voyage solo ? 31
Où partir ? 46
Pas encore chaud pour un voyage vraiment solo ? 53

Partie II - Les 3 thématiques clés.......61
L'insécurité 63
La solitude 71
L'hygiène et la santé........ 80

Partie III - Témoignages 97
Léopoldine 99
Cathy 103
Jenny.......................... 106
May 111
Caroline....................... 114
Hyo............................ 118
Marlène........................ 121
Isaline.........................126
Sabrina........................ 130
Cindy 134

Partie IV - Toolbox....139
Alimentation 142
Bagages....................... 144
Barrière de la langue 145
Bénévolat 146
Budget......................... 148
Contraception 149
Covoyager 150
Groupes d'échanges....... 151
Hébergement 154
Organisation 155
Orientation 156
Podcasts 157
Récits de voyage féminins 159
Rencontres 162
Sécurité 163
Transports 164

Le mot de la fin 167

Partie I

Les grandes questions

Pourquoi voyager seule ?

Pourquoi voyager seule ?

Au cours des 12 derniers mois, j'ai réalisé une vingtaine d'interviews de voyageuses solo de tous âges et de tous horizons. Toutes m'ont fait part d'un petit bout de leur aventure et m'ont permis de voir, à travers leurs yeux, le voyage en solitaire d'une façon différente. Je me suis rendu compte, au fil des échanges, que nous n'avions pas toutes les mêmes raisons de nous lancer dans une telle aventure, mais surtout qu'une seule et même personne pouvait vivre deux voyages solo totalement différents. Ce qui est certain, c'est qu'il y a plus d'une raison de se lancer dans un voyage en solitaire et je veux les partager avec vous aujourd'hui.

UN CONCOURS DE CIRCONSTANCES

Parfois, le premier voyage solo vous tombe dessus sans crier gare. Parmi vous, certaines sont peut-être contraintes de voyager seules : votre ami.e ne peut finalement pas poser sa semaine de congé, mais vous aviez déjà réservé vos billets d'avion pour Oslo et vous rêviez d'y aller depuis des mois. Ou alors, vous êtes en plein voyage avec votre sœur, mais elle décide de partir plus tôt que prévu et vous mourez d'envie d'aller voir ce qui se passe un peu plus loin dans l'arrière-pays.

Pour May, c'est ainsi qu'elle s'est lancée dans une aventure qu'elle n'est pas près d'oublier : « De base, je suis quelqu'un qui adore être avec des gens, notamment pour voyager [...] je pensais que j'avais besoin de quelqu'un pour partager ça. Donc, ma première expérience de voyage solo a été un concours de circonstances. Je suis allée en Italie avec une amie, mais elle a dû partir et je me suis dit que, plutôt que de rentrer, j'allais continuer ma route seule. J'ai planifié mon voyage le matin même et je suis partie au lac Majeur en Italie. »

SE RECONSTRUIRE

Parfois la seule solution que l'on trouve lorsqu'on fait face à une situation difficile dans sa vie (une séparation, un deuil, un échec, une remise en question, un burn-out, etc.), c'est de partir loin, parfois très loin.

Pour Cathy par exemple, son voyage de 4 mois en Asie a été une période de transition, de reconstruction après sa séparation avec son conjoint avec qui elle a voyagé à travers le monde pendant plusieurs années : « 3 ou 4 ans après, j'ai eu envie de faire un voyage de plusieurs mois, mais toute seule. J'avais besoin de me prouver à moi-même que je pouvais le faire toute seule. Je pense que ça faisait partie de ma reconstruction en fait. »

Mais partir en solo quand on est dans une situation personnelle compliquée ou que l'on est dans un état d'esprit tourmenté, peut parfois s'avérer plus périlleux qu'on ne peut l'imaginer.
Tout simplement, parce que ça peut faire beaucoup de choses à vivre en même temps : l'éloignement, la solitude, le dépaysement plus toutes les coquilles qu'on transporte avec soi. Parce qu'une chose est sûre, vos coquilles, elles, ne prennent pas de vacances. Vous pouvez être certaine qu'elles ne seront jamais bien loin de vous. Tout cela peut être très déroutant, mais cela fait partie de la reconstruction.
Au fil de nos échanges, Cathy m'explique : « Je ne vais pas te dire qu'il n'y a jamais eu de moment où je n'étais pas bien. Mais ces moments-là, je les aurais eus ici en France de toute façon. Je me suis dit que c'était peut-être le moyen de prendre à bras-le-corps mes problèmes, que ça n'allait pas être marrant tous les jours mais au moins j'y serai allée ». « Oui j'ai eu des coups de mou. Je me souviens d'une fois où je ne suis pas sortie de la journée parce que j'avais le blues. Mais ça ne m'a pas ruiné mon voyage, au contraire ! Il faut accepter que parfois ça puisse être ça aussi. »
Le voyage solo pour se reconstruire, je dirais qu'il n'y a rien de mieux. Cela peut être l'occasion de faire vraiment face à vos problèmes, de ne pas les fuir et même de les embrasser pour mieux les comprendre et guérir plus vite. Toutefois restez vigilantes et prenez soin de prendre en compte cet aspect lorsque vous organisez votre voyage. Par exemple, évitez les destinations trop lointaines pour pouvoir rentrer facilement en cas de besoin.

LE DÉPASSEMENT DE SOI

Le voyage solo, c'est un véritable défi que l'on se lance à soi-même. Lorsque l'on manque de confiance en soi, c'est un excellent remède pour vous prouver que vous êtes capable de réaliser de grandes choses par vous-même. C'est une manière aussi de s'affirmer, en se confrontant à ses propres peurs : la solitude, l'éloignement de chez soi et de ceux qu'on aime, l'insécurité, etc. On sort de sa zone de confort pour se retrouver dans une situation bien plus inconfortable et où on ne sait pas grand-chose de ce qui nous attend. Si vous êtes sujette au fameux syndrome de l'imposteur (un beau mélange d'anxiété et de manque de confiance en soi qui vous fait douter de vous et vous empêche de reconnaître que vous êtes une personne méritante), il n'y a pas meilleur remède. Être livrée à soi-même, loin de tout ce que l'on connaît, nous permet aussi de développer notre autonomie, notre capacité d'adaptation, notre ouverture d'esprit, notre tolérance envers les autres et nous-mêmes, notre capacité à nous positionner, à prendre des décisions.

Selon le voyage envisagé, vous pouvez aussi être amenée à vous dépasser physiquement si, par exemple, vous décidez de franchir le sommet d'une montagne ou de vous lancer corps et âme dans une randonnée que vous rêvez de faire depuis des années, mais que vous n'avez pas touché à vos chaussures de rando depuis 5 ans.

SE RETROUVER SEULE, SE DÉCOUVRIR

C'est sûrement l'une des raisons les plus communes qui pousse chaque année des milliers de femmes à voyager seules. Apprendre à se connaître, à apprécier sa propre présence. La solitude peut faire peur. Nous avons toutes plus ou moins peur de l'isolement selon notre tempérament. Pour la plupart d'entre nous, le voyage est quelque chose que l'on partage, que l'on vit à plusieurs. Mais lorsque l'on voyage seule, aussi surprenant que ça puisse paraître, on partage tout autant ! Et notamment avec soi-même. Ces moments de solitude vous permettent de faire une pause dans votre vie. Une pause dans votre train-train quotidien, loin des brouhahas du bureau et de la maison. Quand on est seule, on ne partage pas avec l'autre (et encore ça se discute !), mais on partage avec soi-même. Si vous voulez apprendre à vous aimer, à apprécier votre propre compagnie, c'est la plus belle expérience que vous puissiez vous offrir.

I WANT TO BREAK FREE

Le côté pratique lorsqu'on voyage en solo, c'est bien évidemment de décider à 100 % de ce que l'on fait lors de son voyage. Pour ma part, c'était ma première motivation. Ce voyage était tellement important pour moi que je ne voulais pas le partager avec quelqu'un d'autre, je le voulais pour moi toute seule. Cela peut paraître très égoïste et culpabilisant lorsqu'on refuse à une personne que l'on aime de nous accompagner. Mais le voyage solo reste une aventure pour soi.

C'est un moment privilégié de vous à vous. Comme un cadeau que vous faites à vous-même. « Lorsqu'on voyage à deux, parfois on se plie à la volonté et au bien-être de l'autre. Du coup, on ne fait pas les choses de manière autonome et spontanée et moi je ne voulais vraiment pas avoir cette barrière-là » m'explique Léopoldine qui a fait le tour de la France à vélo en solo.
Dans notre quotidien, que ce soit à la maison ou au travail, nous passons notre temps à faire des concessions. Mais en voyage solo, vous faites absolument tout ce que vous voulez et vous vivez votre voyage à 100 %.

POUR RENCONTRER DES GENS, DES VRAIS DE VRAI !

Breaking News ! Voyager seule, ça ne veut pas dire rester seule tout au long du voyage. C'est pourtant l'idée que je m'étais faite du voyage en solitaire. Je pensais que j'étais condamnée à errer de ville en ville sans jamais faire de rencontres, sans jamais partager mes aventures avec quelqu'un. La vérité, c'est que plus vous partez en groupe et plus vous restez seul. Je m'explique. Quand on part à plusieurs, on a beaucoup plus tendance à rester ensemble et on se ferme totalement au monde extérieur pour rester dans sa zone de confort. On a donc, statistiquement parlant, beaucoup moins de chance de faire des rencontres incroyables. Voyager seule, c'est aussi et surtout s'ouvrir aux autres.
L'une des craintes dont j'ai le plus souvent entendu parler, c'est celle de ne pas oser aller vers les autres. De ne pas savoir comment faire des rencontres ou entamer une conversation avec un.e inconnu.e. De nature sociable, j'avais pourtant moi aussi cette appréhension, je pensais que j'aurais beaucoup plus de mal à faire des rencontres notamment à cause de la barrière de la langue (même en parlant couramment anglais), je pensais être limitée dans les échanges. En toute honnêteté, c'est quelque chose qui m'a beaucoup bloquée au début. Mais au fur et à mesure de mon aventure, je me suis totalement apaisée à ce sujet. Je faisais des fautes de langue mais who cares ? La plupart du temps, les anglophones sont admiratifs devant les personnes qui arrivent à maîtriser deux langues, car eux-mêmes n'arrivent pas à aligner quelques mots en français ou en espagnol. Il n'y a pas eu un seul jour sans une belle rencontre malgré mon anglais (et celui des personnes que je rencontrais) qui était parfois approximatif avec le stress. D'ailleurs, beaucoup de voyageurs et voyageuses, de nature plutôt introvertie, partent justement pour être

confrontés à cette peur d'aller vers les autres. Je peux vous garantir que quand ils reviennent de voyage, ce ne sont plus les mêmes personnes !

Trouvez votre propre raison à vous !

Vous l'aurez compris, des raisons de voyager seule, il y en a des tas (et ceci est une liste non exhaustive). Mais la raison qui reste la plus importante, c'est celle que VOUS vous donnez.

Est-ce que le voyage solo est fait pour tout le monde ?

Si vous doutez de votre capacité à apprécier ou non le voyage en solitaire, la meilleure option reste de tester l'aventure sur une courte durée et sur une destination assez proche : en France ou en Europe. De cette façon, vous ne prenez pas de grands risques, vous serez rassurée en vous disant que si ça ne va pas, vous pourrez toujours prendre le prochain vol et être à la maison dans 2 heures.

Entraînez-vous à manger seule au restaurant, à aller seule au cinéma ou à faire une balade seule en forêt. Même si dit comme ça, ça ne vous paraît pas incroyable comme expérience, cela peut déjà vous aider à vous plonger dans le quotidien des voyageuses solo.

Beaucoup de personnes me demandent : « Mais comment fais-tu pour manger seule au restaurant ? Pour moi, ça serait vraiment impossible de faire un truc pareil ! » Pour ma part, c'est quelque chose qui ne m'a jamais fait peur. Mais je peux totalement comprendre que ça puisse poser problème et que l'on puisse redouter le regard que les autres peuvent poser sur nous. Et si vous testiez l'expérience, ne serait-ce que quelques minutes ? Allez simplement prendre un café au bar du coin, asseyez-vous à une terrasse et observez quelques instants la vie qui se passe autour de vous. Les gens pressés qui prennent le métro, les mamans qui courent emmener les enfants à l'école, le *date Tinder* qui se déroule à la table juste à côté de vous, ce pigeon qui essaye tant bien que mal de dérober un petit bout de pain à grignoter sous votre table… C'est le théâtre de la vie, vous ne pouvez pas vous ennuyer et vous pourrez peut-être même y prendre goût.

« On y prend tellement goût qu'à un moment donné on préfère presque voyager seule ! »

Mais, même si 138 millions de femmes dans le monde se lancent dans l'aventure chaque année, je reste persuadée que le voyage en solitaire n'est pas fait pour tout le monde. Oui, voyager seule peut ne pas vous plaire. Oui, votre voyage peut ne pas se passer comme prévu. Et oui, il y a toujours une chance pour que vous soyez déçue. Ce sont des choses qui arrivent et croyez-moi, vous ne serez pas la seule à en avoir fait l'expérience.

LE TESTER C'EST L'ADOPTER !

La meilleure façon de savoir si le voyage solo est fait pour vous, c'est bien évidemment de tester et de se lancer. Nous sommes toutes différentes. Nous avons des tempéraments variés et personne ne réagit de la même manière face à la solitude.
Mais pour l'adopter il faut d'abord le tester ! Rien ne vous oblige à partir à l'autre bout du monde pendant 6 mois, bien au contraire.

Le stéréotype de la baroudeuse

Bien souvent nous avons une représentation assez spécifique de la voyageuse solo : une femme qui a tout plaqué : son job, son appart et son chat (qu'elle aura bien évidemment laissé en pension chez ses parents) pour partir avec son sac à dos et parcourir le globe pour une durée indéterminée. Dans mon imaginaire, en tout cas, c'est à ça que ressemblait « la vraie » aventurière. Mais avec le temps, j'ai compris que j'avais des idées bien arrêtées sur ce que représentait pour moi une aventurière. À tel point que lorsque je parlais de mon voyage de 5 semaines en Europe, j'avais l'impression d'être ridicule comparée à d'autres femmes qui voyageaient seules depuis des années et qui avaient fait le tour du monde.

Vous avez déjà lu (ou vu) *Mange, prie, aime* d'Elizabeth Gilbert ? Le livre inspiré d'une histoire vraie a également été adapté au cinéma avec en tête d'affiche Julia Roberts. Si cet ouvrage ne vous dit rien, voici un extrait du résumé du livre : « *À trente et un ans, Elizabeth Gilbert possède tout ce dont*

une Américaine ambitieuse peut rêver : un mari dévoué, une belle maison, une carrière prometteuse. Elle devrait nager dans le bonheur, pourtant elle est rongée par l'angoisse, le doute, l'insatisfaction...
S'ensuivent un divorce, une dépression et une liaison désastreuse qui la laissent exsangue et encore plus désemparée. Elle décide de tout plaquer pour partir seule à travers le monde. À elle de se construire la vie qu'elle s'est choisie !
En Italie, elle goûte aux délices de la dolce vita et prend les "douze kilos les plus heureux de sa vie", en Inde, ashram et rigueur ascétique l'aident à discipliner son esprit (lever à 4 heures du matin, méditation et nettoyage des sols !) et en Indonésie, elle cherche à réconcilier son corps et son âme pour trouver l'équilibre qu'on appelle le bonheur... »

J'ai adoré cette histoire ! Elizabeth Gilbert, pour moi, c'était THE voyageuse solo. Comme s'il existait des « fausses » et des « vraies » voyageuses solo... Franchement, ça n'a aucun sens !
Faites attention au mythe de la voyageuse solo. Des histoires comme celle d'Elizabeth, il y en a des tas, mais votre voyage peut ne pas ressembler à ça. Pour autant, ça ne le rendra pas moins bien qu'un autre. Le voyage solo, ce n'est pas que ça. Vous pouvez très bien voyager dans le village voisin et vivre une aventure incroyable et ça n'en fait pas moins de vous une véritable aventurière. Certes, ça ne sera pas pareil que si vous partiez à Bali pendant un an, mais c'est déjà un bon début.
D'ailleurs, vous remarquerez dans les portraits des voyageuses que, parmi les femmes que j'ai interrogées, la plupart n'ont pas eu besoin de partir plusieurs mois. Parfois, quelques semaines voire quelques jours, suffisent pour ressentir les sensations du voyage en solitaire. Une chose est sûre : la durée de votre voyage et votre destination ne déterminent pas la qualité de votre aventure. Ce qui compte c'est que vous puissiez trouver, grâce à votre voyage, ce que vous étiez partie chercher.

QUEL VOYAGE VOULEZ-VOUS VIVRE ?

Que voulez-vous que ce voyage vous apporte ? Que cherchez-vous à faire à travers votre voyage en solitaire ? Ce sont ces questions que vous devez vous poser. Pour vous ressourcer, découvrir, en apprendre plus sur vous-même, découvrir le monde (ou tout ça en même temps ?). Cela va définir tout un tas d'éléments et vous apporter déjà un bien grand nombre de réponses que vous cherchiez.

Cette chose que l'on recherche existe sous plusieurs formes : on peut vouloir trouver des réponses à nos grandes questions existentielles, faire la rencontre que l'on attendait depuis des années, se découvrir soi-même, etc. Et même si ce voyage ne se passe pas comme prévu, au pire, qu'aurez-vous perdu ? Et si vous ne trouvez pas ce que vous cherchez, n'aurez-vous pas trouvé autre chose ?
Il existe autant de façons de voyager solo qu'il existe de voyageuses solo. Et même si vous faites plusieurs voyages solo, vous verrez qu'aucun ne se ressemblera.
Chaque voyage a sa propre histoire.

Quand partir seule ?

Y a-t-il un moment idéal dans sa vie pour voyager : après ses études, à la retraite, à 50 ans quand les enfants ne sont plus à la maison ? Le bon moment pour voyager seule existe-t-il ?

Attendre le bon moment

J'ai souvent entendu cette phrase: « Je voudrais partir seule, mais je ne sais pas quand. » Est-ce que finalement il y a un « bon » moment pour se lancer ? 44 % des femmes qui ont participé à la grande enquête pensent ne pas se sentir prêtes pour se lancer dans un voyage en solitaire. Mais alors, c'est quand le bon moment pour se lancer ?
Est-ce qu'on ne devrait pas plutôt se demander : « C'est quoi, le bon moment ? » Cette question, je l'ai posée à toutes les voyageuses que j'ai interviewées, et elles m'ont toutes répondu la même chose : « Quand tu te sens prête, fonce et n'attends pas ! »

QUEL EST LE MEILLEUR MOMENT DANS TA VIE POUR VOYAGER SEULE ?

Quelques mois après avoir pris sa retraite, une amie de mon père a décidé d'acheter un van aménagé pour partir à la conquête de l'Europe. Pour elle, c'était SON bon moment. Le « bon » moment, c'est quand vous jugez que vous avez besoin de ce voyage. Ne vous demandez pas s'il vaut mieux partir pendant ou après vos études, avant ou après avoir investi suffisamment pour vous acheter votre première maison, avant ou après avoir fondé une famille. Demandez-vous plutôt : est-ce que j'ai besoin de ce voyage maintenant ? Qu'est-ce que ce voyage peut m'apporter que je ne peux pas avoir aujourd'hui si je reste ici ? Une fois que vous aurez les réponses à ces questions, que vous aurez trouvé votre « pourquoi », le reste viendra.

LES ALÉAS DE LA VIE

Mais parfois, la vie fait que ce n'est pas possible de partir exactement quand on le veut. Si votre situation ne vous permet pas de vous lancer immédiatement, essayez au maximum de vous projeter dans ce voyage en lui donnant une date (même si ce n'est que dans 3 ans). Faites-le dès maintenant dans votre calendrier, notez une date, faites-vous la promesse que vous réaliserez ce voyage.
Lors de son interview, Marlène, une jeune maman de deux enfants, voyageuse et autrice du blog de voyage « La Girafe Qui Vole », me disait qu'elle essayait de partir au moins une fois par an. Sans forcément aller loin, sans forcément dépenser beaucoup. Vous n'êtes pas obligée d'attendre de quitter votre job, d'attendre que vos enfants grandissent, d'attendre le fameux créneau qui peut-être n'aura jamais l'occasion de se présenter pour vous lancer. Adaptez votre voyage à votre situation. Si vous n'avez pas de budget, ne partez pas loin, si vous n'avez pas de temps, ne partez pas longtemps.

ÊTRE MAMAN ET VOYAGEUSE SOLO

Question épineuse, mais très intéressante. J'ai eu la chance de pouvoir interviewer quelques mamans voyageuses et les avis sur le sujet divergent. Voyager seule en laissant ses enfants derrière soi peut s'avérer compliqué, ne serait-ce que pour une question d'organisation. Notamment pour gérer la garde des enfants lorsque l'on est séparée, par exemple. Mais cela peut aussi être très culpabilisant de laisser les enfants loin de soi pendant quelques jours ou quelques semaines. C'est un constat que j'ai pu faire auprès de nombreuses femmes, parfois même celles qui n'avaient pas d'enfants, mais qui ne s'imaginaient pas voyager seules si elles en avaient eu.
Mais alors, est-ce que c'est tout de même possible de voyager seule quand on est maman (et qu'on ne veut pas voyager avec ses enfants) ? J'ai posé cette question à Marlène et elle m'a répondu : « J'ai déjà voyagé seule depuis que je suis maman. Je sais que ça peut surprendre certaines

personnes, car il y en a qui ne s'en sentiraient pas capables et d'autres qui rêveraient de faire ce que je fais. J'avais au début une part de culpabilité à l'idée de partir toute seule, mais finalement je ne l'ai pas ressentie. Je me suis rendu compte que j'avais besoin de me retrouver pour recharger les batteries et revenir avec une énergie plus saine et me sentir reboostée pour aller de l'avant. Aujourd'hui, le voyage fait partie de ma raison de vivre. »

« Certes je suis maman, mais je suis aussi une femme, une voyageuse. »

Après son accouchement, Marlène a ressenti le besoin de partir. La vie à quatre dans sa maison était un vrai chamboulement pour elle. Elle est partie trois jours, à deux heures et demie de Nantes, dans l'un des plus beaux villages de France. Dans une maison d'hôtes, elle est partie le temps d'un week-end pour se retrouver. Elle me confie lors de nos échanges : « Certes je suis maman, mais je suis aussi une femme, une voyageuse. » La problématique de la compatibilité entre la vie de maman et la vie de voyageuse n'est pas simple, car c'est un mode de vie qui ne plaît pas et/ou qui ne peut pas convenir à tout le monde. Cela peut être un frein tout comme un accélérateur pour vos voyages solo. Mais en tout cas, ce qui est sûr, c'est que c'est tout à fait possible et il y en a plus d'une qui vous dira que c'est un moment incroyable à vivre malgré les obstacles.

Une question de budget

Parfois, préparer un voyage peut prendre des années, surtout lorsque l'on doit faire des économies. Ces dernières années, le voyage s'est démocratisé avec la baisse des prix des billets d'avion et le développement du tourisme de masse aux quatre coins du monde. On sait qu'aujourd'hui, avec un petit budget et un peu d'astuce, on peut voyager à peu près partout. Mais là encore, cela va dépendre du voyage que vous voulez vivre. Si vous rêvez de partir, que vous n'avez pas beaucoup d'argent de côté, mais que vous ne voulez (pouvez) pas attendre, que vous sentez que c'est le moment, vous trouverez des solutions pour voyager sans aucun doute.

Cependant, il faut avouer qu'avoir un bon budget permet :

- de vous garantir une sécurité et une sérénité ;
- de pouvoir pleinement profiter de votre voyage sans vous restreindre, de réaliser toutes les activités que vous souhaitez faire sur place ;
- de gagner en flexibilité et en liberté. C'est plus simple de changer ses plans au dernier moment lorsque l'on a le budget pour changer ses billets d'avion et son hébergement.

Avoir un « bon » budget vous permet de voyager différemment, pas forcément mieux, mais de voyager avec plus de sérénité et de flexibilité. Mais ça veut dire quoi un « bon budget » ? Un « bon » budget ne veut pas dire un « gros » budget. Le bon budget est celui qui va vous permettre de réaliser le voyage dont vous rêvez.
Forcément, lorsqu'on voyage avec un petit budget, on doit s'adapter et on perd en liberté, car on agit sous la contrainte. Vous l'aurez donc compris, on peut très bien voyager avec un petit budget. Rien n'est impossible et vous pouvez passer un super voyage même avec très peu d'argent. Beaucoup le font et privilégient d'ailleurs ce mode de voyage, car c'est aussi une façon de voyager qui plaît par son côté plus inattendu et surprenant.
Sachez qu'il existe aujourd'hui des applications pour vous aider à épargner tous les mois pour votre voyage. Rendez-vous dans la Toolbox, section budget (p. 148), pour retrouver tous les outils qui peuvent vous aider à mieux gérer votre budget en voyage.

Bonus pandémie

Celui-là, c'est cadeau ! En cette période de totale incertitude, cela pourrait paraître très complexe de se lancer dans un voyage solo (même dans un voyage tout court). Et pourtant, certaines y voient une occasion en or (*spoiler alert*, j'en fais partie !). Je suis partie en solo en septembre 2020, quelques mois après la fin de la première vague (clairement pas la période la plus idéale pour un voyage à première vue).
Et pourtant, j'ai pu en profiter ! J'ai pu découvrir les merveilles de l'Italie, de la Grèce et de Malte, (presque) pour moi toute seule. Je n'ai jamais fait la queue pour rentrer dans le musée du Vatican ou pour visiter l'Acropole d'Athènes. Dans la basilique Saint-Pierre, nous étions une trentaine de personnes à visiter les lieux en plein après-midi. Un comité restreint, pour

une expérience unique, dans l'un des lieux les plus emblématiques et les plus visités du pays.
Attention, je ne suis pas en train de vous dire qu'il n'y a aucun risque ou inconvénient à voyager en cette période. Mais n'est-ce pas une belle analogie par rapport à tout ce que nous disions précédemment sur la question du « bon » moment ? Alors que l'on pourrait penser que j'avais choisi le pire moment pour voyager, j'avais en vérité choisi mon bon moment. Oui j'ai dû écourter mon voyage à cause du confinement généralisé en Europe, et changer mes plans, mais c'était à ce moment-là que j'avais besoin de partir. Pas l'année prochaine, pas dans 3 ans, maintenant.

Combien de temps dois-je partir ?

La durée de votre voyage solo va bien entendu dépendre du temps que vous avez de disponible pour voyager, mais aussi de votre budget et de votre destination. Si vous voulez voyager en solo pendant 1 mois et que vous avez un budget de 1 500 €, ça sera sûrement bien plus simple de voyager en Thaïlande qu'en Australie. Tous les éléments se croisent, pour trouver la destination, le moment et le budget idéal. Il faut trouver le bon équilibre entre ces trois éléments.

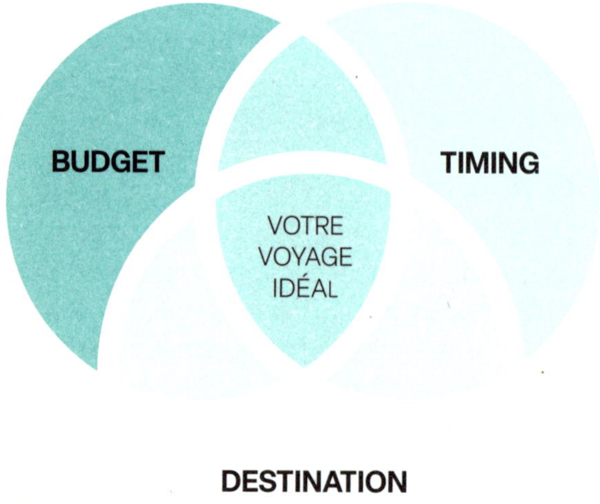

Quand j'ai organisé mon premier voyage en solo, je venais de terminer mes études et je n'avais pas encore d'emploi. J'avais donc le temps nécessaire pour faire un long voyage, mais je manquais de budget. Pour définir ma destination et la durée de mon voyage, je suis partie de mon budget : 3 000 € et je savais que je voulais partir au minimum 2 semaines par pays. Puis j'ai fait une liste de tous les endroits que je voulais voir en Europe. J'ai comparé les vols et les prix des hébergements. J'en ai conclu qu'avec ce budget, je pouvais partir au moins trois mois dans quatre pays différents.

Et voilà le travail !

Comment organiser son voyage solo ?

Une fois qu'on a trouvé son « pourquoi » et son « quand », il ne manque plus que la question du « comment ». Comment vais-je me loger ? Comment je me déplace ? Comment je gère mon budget ? Que de questions existentielles qui peuvent vite nous faire perdre la tête !

L'organisation

Pour l'organisation du voyage, il y a trois grandes écoles.

OPTION 1 - TOUT ORGANISER DE A À Z

Vous préparez votre itinéraire au jour près en prenant grand soin de réserver assez tôt vos hébergements et activités.
L'avantage : vous gagnez en sérénité et évitez les mauvaises surprises.
L'inconvénient : vous perdez en flexibilité et en liberté, car vous êtes dépendante de l'itinéraire que vous aviez prévu avant de partir. Il y a des chances pour qu'une fois sur place vos envies changent. Par exemple, vous aviez prévu de rester une semaine à Rome, mais finalement vous vous rendez compte qu'en cinq jours vous avez déjà fait le tour.

OPTION 2 - IMPROVISER

Vous ne préparez rien que votre sac à dos. Vous avez pris votre billet d'avion pour une destination sans vol retour. Vous n'avez absolument rien réservé, car vous ne connaissez pas encore votre itinéraire ni ne savez

combien de temps vous allez rester dans le pays (peut-être 3 mois si vous vous y plaisez ou 1 semaine si ça ne vous convient pas).
L'avantage : l'improvisation permet une plus grande flexibilité dans votre voyage. Si par exemple vous rencontrez des copines voyageuses sur votre route et qu'elles vous proposent de faire une sortie le lendemain avec elles alors que vous aviez réservé votre hôtel dans la prochaine ville, c'est un peu embêtant. Avec l'improvisation, vous n'avez pas ce problème.
L'inconvénient : il y a toujours le risque qu'un jour vous ne trouviez pas d'hébergement, car tout est complet. Ou que vous deviez réserver votre visite dans un lieu un mois à l'avance, mais vous ne l'avez pas fait. Ce sont des choses qui n'arrivent que très rarement, mais pour éviter les mauvaises surprises, cela vaut le coup de se renseigner sur les saisonnalités de votre lieu de séjour (vérifiez qu'il n'y a pas un très gros évènement touristique type Carnaval de Venise, au moment où vous êtes sur place).

OPTION 3 – FAIRE UN ENTRE-DEUX

Vous connaissez à peu près votre itinéraire (les principales destinations), mais vous vous laissez une marge de manœuvre pour garder un peu d'imprévu. Vous ne réservez pas vos hébergements tout de suite mais vous vous renseignez quand même en amont pour savoir à peu près où vous pouvez dormir sur place et si l'endroit est très fréquenté ou non à la période où vous y serez.

Faites comme vous le sentez, il n'y a pas de bonne ou de mauvaise organisation.
Rendez-vous dans la Toolbox pour retrouver les outils qui peuvent vous aider à préparer au mieux votre voyage.

L'hébergement

Lorsque l'on voyage seule, l'une de nos préoccupations principales, c'est de savoir où loger. Question importante, car elle détermine de très nombreux facteurs dans votre voyage : le type de rencontres que vous pouvez faire, le type de confort que vous vous octroyez, la façon dont vous allez vous alimenter et même vous déplacer.
Pour trouver votre type d'hébergement idéal, posez-vous les questions suivantes :

- est-ce que vous avez besoin d'être seule, d'avoir votre propre espace ? Ne choisissez clairement pas les auberges de jeunesse si c'est le cas. Privilégiez plutôt les chambres d'hôte, les gîtes et le camping sauvage ;
- est-ce que vous voyagez plutôt dans des zones urbaines ou rurales ? Si une grande partie de votre itinéraire se concentre sur une zone urbaine, faites attention à la localisation de vos hébergements (notamment en Air Bnb). On peut facilement être attirée par des logements moins chers en périphérie de la ville, mais éloignés de tout. Peut-être que sur la carte Google Maps ça ne vous paraît pas très loin du centre-ville et pourtant entre les deux il y a 45 minutes de marche. Vous aurez peut-être la motivation les deux ou trois premiers jours, mais après ça risque de se corser ;
- de quel niveau de confort avez-vous besoin ? Si vous avez le sommeil léger par exemple, je vous recommande d'éviter les auberges de jeunesse ;
- quel est votre budget ? Évidemment, il va peser un grand poids dans le choix de votre hébergement. Mais faites attention tout de même aux logements à bas prix, cela peut cacher quelque chose…
- quel est votre moyen de transport au quotidien ? Si vous êtes mobile (avec un véhicule personnel), vous pouvez vous permettre de choisir des hébergements en périphérie des villes.

Prenez grand soin de choisir votre hébergement, un bon hébergement adapté à vos besoins est l'une des clés pour un voyage réussi. Parfois, on peut avoir tendance à être un peu trop optimiste sur notre capacité à supporter certaines contraintes : le bruit, le manque d'intimité, l'hygiène, etc. Sauf que vous pouvez rapidement vous retrouver dans un logement certes pas très cher, mais qui ne sera pas du tout adapté à vos besoins. Même si vous ne passez pas beaucoup de temps dans votre hébergement, si vous ne vous y sentez pas à l'aise pour vous reposer et y dormir, vous risquez de ne pas être à fond lors de vos journées.

LES AUBERGES DE JEUNESSES

Sécurité : 3/5
Confort : 3/5
Rencontres : 4/5
C'est le top du top pour rencontrer du beau monde ! Les auberges sont peu coûteuses et très pratiques, car elles sont très souvent situées en

ville et ont des cuisines partagées pour limiter les dépenses alimentaires. C'est un hébergement qui peut ne pas convenir à tout le monde, car on se retrouve très vite les uns sur les autres et dans un confort qui n'est pas toujours optimal. Si vous faites un long voyage (d'au moins 1 mois), je vous recommande de prévoir de dormir une nuit tous les 10 jours dans un endroit plus calme, par exemple dans une chambre d'hôtel. Cela vous permettra de vous reposer pleinement quelques jours et de bénéficier d'un sommeil réparateur pour repartir du bon pied.

L'astuce - Comment bien choisir son auberge de jeunesse ?

1. Sélectionnez des chambres de 4 à 6 personnes maximum. Elles sont souvent un peu plus chères de quelques euros, mais limitent les va-et-vient des personnes qui y dorment et donc vous font gagner en qualité de sommeil et en intimité. Certaines auberges sont des usines à gaz avec des couloirs de 30 lits. Ronflements à gogo, soirées Netflix avec le son à fond jusqu'à 2 heures du matin, etc.
2. Méfiez-vous des notes sur les hébergements et vérifiez constamment les avis sur au moins deux plateformes différentes (Booking, Airbnb, Google, etc.). Effectivement, certaines plateformes d'hébergement, comme Booking, ont un système de notation qui peut très vite être trompeur. Il suffit que l'auberge soit bien située (ce qui est le cas la plupart du temps), que le rapport qualité/prix soit correct (si l'auberge n'est pas chère, on ne peut pas blâmer les mauvaises prestations du logement), l'hébergement peut facilement avoir la note de 7/10 même si l'endroit est sale et mal fréquenté. N'hésitez pas à lire les avis positifs et négatifs pour vous faire une meilleure idée. Faites attention, certains utilisateurs en ont une utilisation abusive et sont indignés si les assiettes de la cuisine ont le malheur de ne pas être de la même couleur.
3. Les photos en disent long, mais ne sont pas toujours très fiables. Erreur de débutant ! Ne vous y fiez pas, les photos ne montrent pas tout et sont très souvent retouchées.

4 Privilégiez les auberges avec des casiers pour mettre vos affaires en sécurité la nuit et la journée pour vous soulager le dos et éviter de transporter votre sac partout où vous allez. Faites attention car certaines auberges indiquent qu'elles disposent de casiers, mais les font payer : renseignez-vous.Pensez aussi à bien vous équiper si vous logez en auberge de jeunesse : boules Quies, masque de nuit, tongs (pour vous déplacer dans l'auberge), sac à linge (si vous voulez utiliser les machines à laver de l'auberge), cadenas pour vos casiers (au cas où l'auberge n'en serait pas équipée).

Dernière petite astuce, il existe deux écoles dans les auberges de jeunesse : les grandes chaînes et les auberges indépendantes. Chacune a ses avantages et inconvénients. Si vous optez pour l'indépendante, souvent le nombre de lits est limité et donc vous avez plus d'intimité, moins de passage mais aussi plus de proximité avec les voyageurs. Par contre, les prestations sont souvent plus limitées (pas toujours de cuisine partagée ou de lieux d'échanges ni d'évènements). Les auberges qui font partie d'une enseigne proposent souvent plus de services, mais sont de vraies usines (beaucoup de lits et de passage dans les dortoirs) et les va-et-vient limitent les rencontres.

LE CAMPING SAUVAGE

Sécurité : 2/5
Confort : 2/5
Rencontres : 1/5

Économique, le camping est une bonne option si vous souhaitez faire des économies sur le budget hébergement. Toutefois, si vous voyagez sur une longue durée, prévoyez peut-être une nuit dans un endroit au chaud (ou au frais selon la saison et la destination) pour mieux vous reposer. Le camping, c'est sportif !

Si vous voulez vraiment être au calme et ne croiser personne, vous pouvez opter pour le camping sauvage. Si vous choisissez cette option, soyez prudente en ce qui concerne les endroits où vous décidez de passer la nuit et vérifiez que vous avez le droit de dormir sur place. En France, par exemple, vous ne pouvez pas camper n'importe où. Renseignez-vous

bien à l'avance sur la législation en vigueur dans le pays où vous allez camper. L'inconvénient du camping sauvage, c'est que vous ne risquez pas de rencontrer grand monde.
Aussi, le camping sauvage peut avoir un côté effrayant du fait de se retrouver seule dans la nature, au milieu de nulle part. Léopoldine en a fait l'expérience : « J'avais déjà testé le camping sauvage avant de partir et finalement ça ne m'avait pas plu. Je ne pouvais pas fermer l'œil de la nuit, stressée au moindre bruit. Donc, je savais déjà que le camping sauvage ce n'était pas pour moi. »
Le camping sauvage c'est tout un art ! Et cela demande donc beaucoup plus de vigilance. Selon l'endroit du monde dans lequel vous campez, pensez à vous renseigner sur les dangers potentiels que vous pourriez rencontrer.

LE CAMPING PUBLIC

Sécurité : 3/5
Confort : 2/5
Rencontres : 4/5
Excellent moyen pour rencontrer du monde : le camping public. Vous y croiserez de nombreux baroudeurs et baroudeuses. L'avantage du camping public par rapport au camping sauvage, c'est que vous gagnez en sérénité. En effet, il y a de fortes chances pour que vous vous sentiez moins vulnérable en camping public qu'en camping sauvage.

LE AIRBNB

Sécurité : 3/5
Confort : 4/5
Rencontres : 2/5
Si vous avez besoin de calme et d'intimité sans vous ruiner, c'est une très bonne option. En plus, les AirBnb vous permettent de rencontrer des locaux et d'avoir une relation privilégiée avec eux. Ce qui n'est pas toujours le cas dans les hôtels. À vous les bons plans locaux ! En logeant chez un particulier sur l'île de Paros, j'ai eu la chance de rencontrer Massimo qui m'a fait découvrir le meilleur restaurant du coin et m'a donné les meilleures astuces pour découvrir l'île.
Pour bien choisir votre Airbnb, les critères de sélection se font principalement sur l'emplacement, le prix, la note de l'hôte, les heures de check-in

et check-out (information très importante à vérifier, voire à négocier avec l'hôte en amont).
Faites vraiment attention à l'emplacement. C'est selon moi le point de vigilance sur ce type d'hébergement, car beaucoup de AirBnb qui ne sont pas trop chers sont situés en périphérie, loin des lieux d'intérêt. Si vous n'avez pas peur de marcher ou de prendre plusieurs bus tant mieux, mais dites-vous que vous allez faire le trajet plusieurs fois par jour.
Si vous optez pour un logement en périphérie et que vous prenez les transports en commun, vérifiez que le ratio temps/budget en vaille le coup. Parfois, cela peut vous revenir plus cher de faire le déplacement que de louer un hébergement en centre-ville.

L'HÔTEL

Sécurité : 4/5
Confort : 5/5
Rencontres : 1/5
Pour celles qui veulent être zen et vraiment solo, c'est l'idéal. Parfois, cela peut aussi être intéressant de louer une chambre d'hôtel entre deux auberges de jeunesse pour récupérer votre sommeil et gagner en confort le temps d'une ou deux nuits.
Sur l'île de Naxos, je n'avais pas trop de choix en termes d'hébergement, j'ai dû me rabattre sur un hôtel. Mais j'ai été agréablement surprise par la gentillesse et l'authenticité du personnel sur place. Hôtel ne rime pas toujours avec tourisme de masse. Vous pouvez tout à fait trouver des hôtels ou des gîtes très charmants à des prix attractifs.

LE COUCHSURFING

Sécurité : 3/5
Confort : 3/5
Rencontres : 5/5
C'est le top du top pour rencontrer des locaux ! Le couchsurfing consiste à héberger des voyageurs chez soi gratuitement. Les avantages du couchsurfing sont multiples : belles rencontres, bons conseils de locaux, gratuité, etc. Il existe de nombreux couchsurfers partout dans le monde et de multiples applications pour vous permettre de rencontrer l'hôte de vos rêves.

L'astuce - Comment bien choisir son couchsurfing ?

1. Lire attentivement la description de l'hôte et de ce qu'il peut vous proposer. Pensez à bien regarder si la personne accepte d'héberger des femmes (certains hommes ne le font pas) et combien de temps elle peut vous offrir un toit.
2. Remplissez bien votre profil pour qu'il soit attrayant pour votre potentiel hôte et qu'il ait envie de vous répondre. C'est aussi l'occasion pour vous exprimer sur ce que vous voulez et ne voulez pas pour éviter les malentendus.
3. Écrivez un message personnalisé (en évitant le copier-coller) et adapté à la personne à qui vous écrivez (après avoir lu son profil), pour lui donner envie de vous héberger.
4. Si vous restez plusieurs jours, soyez sûre du confort qui est proposé et n'hésitez pas à prolonger les échanges par mail, voire par visio, si l'application permet d'échanger les coordonnées entre vous. Un échange plus direct vous permettra de vous renseigner sur la situation dans le logement. Y a-t-il des enfants ? Le canapé est-il situé dans une chambre d'amis ou dans le salon ? Est-ce que c'est une colocation ? etc. Même si cela ne remplace pas un échange direct, c'est toujours plus rassurant.
5. Envoyez plusieurs demandes en même temps, au cas où on ne vous réponde pas. Beaucoup d'applications proposent des hôtes qui ne sont plus actifs depuis 2014... Augmentez vos chances en prenant contact avec plusieurs hôtes.
6. Vérifiez que le pays autorise le couchsurfing, ce n'est pas toujours le cas (l'Iran n'autorise pas le couchsurfing par exemple).

Le transport

Pour voyager d'une ville à une autre, comment s'y prendre ? Quel est le moyen de transport le plus sûr ? Si je loue une voiture, comment ne pas me faire avoir ? Voici quelques conseils selon le mode de transport que vous souhaitez privilégier.

LES TRANSPORTS EN COMMUN (TRAIN, BUS, TRAM ET MÉTRO)

Idéaux et largement suffisants si vous voyagez dans les zones urbaines et très touristiques. En fonction de la région du monde que vous visitez, les transports en commun sont plus ou moins développés. Si vous allez dans des pays un peu plus reculés, pensez à vous renseigner sur le fonctionnement des transports en commun et s'ils sont sécurisés.

Comment utiliser au mieux les transports en commun ?

- Si vous restez plusieurs jours, optez pour des cartes de transport sur une longue durée. Moins chères et plus pratiques que les tickets de métro, de tram ou de bus à l'unité.
- Google Maps est assez fidèle et complet sur les horaires de bus, mais n'hésitez pas à télécharger en amont un plan des transports en commun de votre destination sur votre téléphone.
- Vérifiez que vous êtes dans le bon sens. Combien de fois cela m'est arrivé de me tromper de sens et de ne m'en rendre compte qu'au terminus. N'hésitez pas à demander, vous ne paraîtrez pas stupide (en tout cas, beaucoup moins que si vous vous trompez de sens).
- Lorsque l'on vous propose de l'aide pour vous aider à trouver votre chemin dans une gare, soyez prudent et vérifiez que c'est un vrai agent de la gare. Dans certaines gares, de « faux » agents vous indiquent la direction (souvent la mauvaise) et vous demandent de les payer. Un vrai agent de gare ne vous demandera jamais d'argent.
- Si vous empruntez les taxis, vous pouvez aussi jeter un œil sur les applications qui existent pour vous faciliter les échanges. Par exemple, en Thaïlande, j'utilisais essentiellement Grab, le Uber local. C'est très pratique quand on appréhende de négocier le prix du taxi et d'expliquer sa destination au chauffeur dans une autre langue que la sienne.

LE VÉHICULE PERSO (VOITURE, VAN, SCOOTER)

Probablement le plus coûteux, mais le plus pratique si vous voulez gagner en mobilité et en liberté. Dans certains coins un peu reculés du monde, c'est parfois la meilleure ou la seule option. Si vous voulez sortir des sentiers battus, explorer des lieux un peu éloignés des zones touristiques classiques et difficiles d'accès, la voiture, le scooter ou le van sont des choix idéaux.

Anecdote - Quand tu loues une Fiat Panda sur les îles Cyclades

À peine 10 km après avoir loué ma Fiat Panda, un symbole rouge se met à clignoter et le cadran indique que la pression des pneus est HS. Ni une ni deux, je demande conseil au maître d'hôtel qui a eu la gentillesse de me conseiller une station essence tout près du logement et qui me proposerait de vérifier la pression. Je jette un œil aux pneus, ils sont usés comme jamais. Je me rends à la fameuse station essence où un vieux monsieur, assis devant une petite table en bois particulièrement concentré sur son épluchage d'orange, me salue : « Kalimera. » Je lui réponds, poursuis en anglais et constate son regard perplexe. Il ne parlait pas un mot d'anglais. Sa femme arrive et traduit, puis il m'offre très gentiment son aide. Je lui propose de le payer et avec un grand sourire, il me souhaite une belle journée et ne me demande rien en échange. Il se rassoit à sa table et poursuit son épluchage d'orange avec passion.

En investiguant sur les avis Google de mon loueur, je me rends compte que c'est toute une technique. Le loueur sait très bien que les pneus sont endommagés et n'attend qu'une chose : que vous creviez avant de rendre la voiture. Et bam ! Vous n'avez pas lu les conditions de location où est noté en tout petit, en bas à gauche, qu'en cas de crevaison, le montant du coût du pneu de remplacement sera prélevé sur votre caution. Comme ça, le loueur n'a pas à payer pour le remplacement du pneu, mais vous oui.

Concrètement comment ça se passe lorsque vous louez une voiture ?

Vous choisissez votre véhicule et la durée de location. Ensuite vous donnez une caution (souvent par une empreinte de carte bancaire) qui ne vous sera prélevée qu'en cas de casse. Ensuite, vous faites un état des lieux de la voiture, vous repartez avec et faites votre premier plein. Quand on voyage seule, on peut avoir peur de se faire avoir plus facilement, car on se sent moins puissante qu'en groupe. C'est quelque chose qui m'a beaucoup frustrée lors de mon voyage.

L'astuce - Comment ne pas se faire arnaquer quand on loue une voiture (ou tout autre véhicule) ?

1. Prenez bien le temps de lire les conditions de location que l'on vous fait signer (même si cela prend du temps et que vous avez l'impression d'embêter la personne en face de vous). Si vous avez un doute, n'hésitez pas à demander et si ça sent l'entourloupe, fuyez pauvre fou !
2. Soyez très prudente lors de l'état des lieux, quitte à passer pour une lourdingue. Ce n'est pas un moment agréable, mais je peux vous garantir que vous serez bien contente d'avoir insisté pour que cette rayure figure sur le papier. Tout est bon à prendre pour les loueurs, même s'il ne faut pas généraliser, restez vigilante.
3. N'oubliez pas de demander le type de carburant, ça serait bête de vous tromper ou de vous rendre compte que vous avez oublié de le demander une fois à la pompe.
4. Demandez bien le fonctionnement sur le plein. Soit vous louez la voiture avec le plein et vous rendez avec le plein complet. Soit vous louez la voiture avec un niveau de plein et vous rendez la voiture avec le même niveau de plein au retour. Renseignez-vous bien pour éviter les mauvaises surprises à l'arrivée.

5 Pensez à jeter un coup d'œil aux avis du loueur sur Google, pour éviter les complications.

Notez que dans certains pays, les stations essence fonctionnent à l'ancienne. Lorsque vous passez à la pompe, c'est une personne qui vous sert en gasoil et vous demande combien d'argent vous souhaitez mettre en carburant.

LE VÉLO

En plein essor, le voyage à vélo en a convaincu plus d'un ! Et c'est d'ailleurs le cas de Léopoldine alias Velopodine qui a parcouru en solo 3 520 km à vélo en France. Vous pouvez très bien choisir d'adopter le vélo pour vos déplacements quotidiens et utiliser le train ou l'avion pour faire les plus longs trajets.
Dans certaines villes du monde, le vélo est même un mode de transport fortement recommandé pour apprécier pleinement l'expérience de la ville, notamment dans les pays d'Europe du Nord.
Mais vous pouvez également opter pour un voyage 100 % vélo et réaliser l'entièreté de votre voyage à vélo ! L'organisation d'un voyage à vélo est particulière, donc n'hésitez pas à vous documenter sur le sujet et à découvrir le portrait très inspirant de Léopoldine dans la partie témoignage pour en savoir un peu plus sur ce mode de voyage alternatif.

L'AUTO-STOP

L'auto-stop c'est un peu le couchsurfing du transport. Si vous voulez voyager sans vous ruiner sur le moyen de transport, l'auto-stop est une très belle expérience à vivre. Il faut juste ne pas être trop pressée, car vous pouvez parfois mettre plusieurs jours à rejoindre une destination. Au-delà d'être un moyen de transport gratuit, c'est aussi et surtout une aventure à part entière riche en rencontres. J'en connais même qui ne se déplacent que comme ça, même dans la vie de tous les jours ! Mais pour beaucoup d'entre nous, le stop, ça fait aussi un peu peur. Et ça se comprend ! Sachez que le gros avantage du stop, c'est que vous pouvez discuter avec le conducteur. De cette façon, vous créez un lien que vous n'aurez pas avec un conducteur de bus par exemple.

L'astuce - Quelques conseils pour maîtriser le stop à la perfection

1. Choisissez bien votre emplacement. Prenez grand soin de choisir un endroit où vous serez visible (de jour dans l'idéal) et où les gens ont le temps de s'arrêter. L'endroit idéal : un dos-d'âne, à la sortie d'un rond-point ou après un feu rouge pour que les gens puissent avoir le temps de ralentir.
2. Le premier contact a son importance. Ne vous jetez pas dans la première voiture venue qui s'arrête. Prenez le temps de discuter 2 minutes avec la personne. Observez son comportement : est-ce que la personne est stressée ? Est-ce qu'elle semble être de confiance ? Si et seulement si vous vous sentez à l'aise, à partir de ce moment-là, vous pouvez monter et en voiture Simone !
3. Dans certains pays, l'auto-stop n'existe pas. N'hésitez pas à expliquer le concept aux conducteurs en expliquant que c'est gratuit.

Le budget

LE BUDGET QUOTIDIEN

On en parlait un peu plus haut, le « bon » budget ne dépend que de vous. De combien avez-vous besoin pour concrétiser votre voyage ? Il n'y a que vous qui puissiez répondre à cette question. Le budget dépendra entièrement du type de voyage que voulez vivre : team « squatteuse de canapé et fière de l'être » ou team « à l'aise dans ma chambre d'hôtel ». Mais savoir comment gérer son budget en voyage, c'est tout autre chose.

Il y a plusieurs écoles, mais la technique la plus répandue et la plus simple, c'est celle du budget quotidien. Le principe est très simple : se donner une limite budgétaire ou une moyenne par jour. Par exemple, pour mes repas je me donnais un budget quotidien de 10 € maximum avec possibilité de compenser mon budget entre mes journées. Pour gérer votre budget quotidien, vous pouvez faire comme moi et utiliser la bonne vieille méthode du tableau Excel.

Mais il existe aussi de très bonnes applications qui vous permettent de suivre l'évolution de votre budget quotidien (à retrouver dans la Toolbox, section « budget »).

Anecdote - « Je ne suis pas partie d'un hébergement où je me sentais en insécurité, par manque de budget »

Je vais vous donner un exemple personnel, une anecdote qui m'est arrivée lors de mon séjour à Rome. J'avais choisi d'organiser de A à Z mes hébergements, itinéraires et activités, j'avais quasiment tout réservé à l'avance pour éviter les mauvaises surprises et être plus sereine d'esprit. Lorsque je réservais mes auberges de jeunesse, j'essayais de prendre celles qui étaient un peu moins chères, car je ne voulais pas dépenser tout mon budget dans l'hébergement (après tout, je ne faisais que passer pour y dormir). Ce qui est sûr, c'est que je ne ferai pas deux fois la même erreur !

L'auberge était idéalement située, à 15 minutes à pied de la Fontaine de Trevi et du Panthéon, à seulement 10 € la nuit, je n'allais pas me priver ! Notée 7/10 sur Booking, je me suis dit que ça ferait l'affaire. Non seulement le lieu était infect (trous dans les murs, punaises de lit, odeurs de cigarettes, etc.), mais surtout mal fréquenté. Pour envoyer des messages à mes proches, je devais me rendre dans le couloir de l'immeuble pour capter la Wifi de l'auberge (pratique...).

Le premier soir, un jeune homme d'une trentaine d'années m'accoste. Il me raconte qu'il est coiffeur et me regarde avec insistance. Je ne le sens pas, je l'ignore et me rends immédiatement dans ma chambre. Le lendemain, rebelote ; cette fois-ci, il me demande de prendre une douche avec lui. Idem, je l'ignore et rentre dans la chambre. Le jour d'après, alors que j'étais assise dans les escaliers, il vient s'asseoir derrière moi avec son ordinateur, met un film porno et se masturbe bruyamment à peine à 1 m de moi. Je rentrais tous les soirs à 18 heures pour être certaine de ne pas le croiser, par peur qu'il me suive.

J'ai averti les gérants de l'auberge qui m'ont répondu : « C'est un fou qui traîne ici depuis des semaines, il habite à l'étage au-dessus.

Mais ne t'en fais pas, il faut juste l'ignorer. » Je suis sortie de cette auberge en me sentant insultée et en bonus avec des plaques de boutons sur les bras et les jambes. Je ne suis pas partie de cet hébergement, parce que je n'avais pas prévu assez de budget pour annuler mes 4 autres nuits et louer un AirBnb.

Je vous raconte cette anecdote parce que je pensais à tort que l'hébergement n'était pas important dans mon budget, qu'il fallait que j'en garde un maximum pour le reste alors qu'en fait c'était tout le contraire. Ne négligez pas le budget de votre hébergement, quitte à mettre 10 € de plus par nuit parce que vous sentez que le lieu est plus sûr. Si vous le pouvez, faites-le !

Néanmoins, nuançons nos propos. Tous les hébergements peu chers ne sont pas forcément dangereux pour les femmes. Jetez un œil aux commentaires qui ont été laissés par des femmes qui y ont séjourné seules pour voir ce qu'elles en ont pensé. Si vous vous retrouvez dans un hébergement dans lequel vous vous sentez mal à l'aise, suivez votre instinct et demandez-vous si vous vous voyez séjourner le reste de votre voyage dans cet endroit. Si la réponse est « non », vous savez ce qu'il vous reste à faire.

LE BUDGET DE SECOURS

Ce qu'il faut retenir de toute cette histoire : n'oubliez pas de prévoir un petit budget de secours pour les situations d'urgence, de la même manière que vous devez penser à vous assurer lors de votre voyage. Ne laissez pas le hasard décider à votre place, les risques existent, ils ne sont pas récurrents, mais ils sont là et ils peuvent rapidement gâcher votre voyage. Le budget de secours peut vous permettre de quitter un hébergement dans lequel vous vous sentez en insécurité.

CUISINER POUR FAIRE DES ÉCONOMIES

Pour faire des économies, pensez à cuisiner ! Selon une étude menée en 2019 par Statista, la troisième plus grosse dépense en voyage après l'hébergement et le transport, c'est la nourriture. Si vous avez une plaque de cuisson et un frigo à portée de main, vous ferez de belles économies. Dans les auberges de jeunesse ou dans la cuisine de votre camping, vous verrez que c'est aussi le moyen de faire de belles rencontres et de partager le repas avec d'autres voyageurs. Personnellement, je ne l'avais pas du tout envisagé avant mon départ mais ça m'a permis de rester dans mon budget alimentaire de 10 € par jour.

Les bagages

Cela peut vous sembler être un détail, mais vous verrez, vous ne serez pas déçue d'y avoir pensé avant votre départ. C'est un élément auquel il faut bien réfléchir. Pour vous faciliter la vie, je ne peux que vous conseiller de voyager léger avec un sac à dos plutôt qu'une valise. Bien plus pratique, c'est votre meilleur allié pour un voyage en solitaire.

L'astuce - Comment éviter les vols ?

Sujet fréquemment abordé lors des interviews, il existe des petites astuces pour gagner en sérénité et limiter les risques de vols.

1. Faire simple et ne pas montrer sa richesse. D'une part pour éviter les vols, mais aussi par respect pour les locaux.
2. Essayez au maximum de choisir des hébergements avec des casiers sécurisés. N'oubliez pas d'emporter un petit cadenas avec vous, ça peut toujours servir.
3. Adoptez l'intemporelle banane. Bon, je vous l'accorde, ce n'est pas l'accessoire le plus glamour du monde, mais c'est génial ! Vous pouvez y mettre l'essentiel sur vous : papiers, téléphone, argent, cartes, etc. Vous verrez, vous gagnerez en sérénité.
4. Prévoyez d'enregistrer une copie de tous vos papiers importants sur un drive ou une clé USB au cas où.

Où partir ?

Sujet compliqué : la destination. Et pourtant, c'est la question qui nous intéresse le plus dans le voyage ! Pas évident de trouver un endroit qui, à la fois nous rassure car on sait que l'on va s'y sentir en sécurité, où le niveau de vie n'est pas trop élevé pour que notre budget n'en prenne pas un coup et qui en même temps nous fait rêver.

Comment choisir sa destination ?

Comme pour tout dans le voyage, le choix de la destination va se faire selon plusieurs critères :

- vos envies ;
- votre budget ;
- votre temps disponible ;
- la sûreté de la destination.

Sur les trois premiers éléments, je ne peux pas vous apporter de réponse, vous seule pouvez y répondre. Mais en ce qui concerne la sûreté de la destination, je peux vous apporter quelques conseils.

L'astuce - Comment bien choisir sa destination ?

1. Renseignez-vous sur le site France Diplomatie et inscrivez-vous au fil d'Ariane pour être alertée en cas de crise lors d'un voyage (de type crise sanitaire, alerte attentat, etc.)
2. Renseignez-vous sur les us et coutumes de votre pays de destination, notamment pour connaître le bon dress-code, les formules de politesse (apprenez quelques mots de la langue du pays, sait-on jamais). Si vous avez des doutes, n'hésitez pas à demander sur des forums dédiés au voyage féminin (je vous en conseille quelques-uns dans la Toolbox).
3. Évaluez le ratio budget/temps. Il faut trouver le bon équilibre : plus vous irez dans un pays où le niveau de vie est bas et que vous avez un petit budget, plus vous pourrez vous y installer longtemps.
4. Renseignez-vous sur les forums et groupes Facebook sur l'ambiance sur place : si les touristes sont beaucoup sollicités ou non, etc. Pour vous donner une idée de ce à quoi vous attendre et vous assurer que votre destination correspond au voyage que vous souhaitez réaliser.

Quelle destination pour un premier voyage solo ?

On peut voyager seule partout dans le monde. Mais pour une première expérience, ce n'est pas aussi évident. Les destinations où les risques d'insécurité sont nuls n'existent pas. Que vous voyagez en Europe ou sur un autre continent, les risques sont omniprésents. Les comportements sexistes n'ont pas de frontière, et existent chez nous, à Paris, à Marseille, à Lyon, à Toulouse, à Nantes et partout ailleurs dans le monde. Quand je suis partie en Italie, j'étais persuadée que c'était la meilleure des destinations pour un premier voyage solo, que ça serait une destination « facile ». Ce que j'entends par « facile », c'est une destination où les risques de subir des harcèlements de rue, des regards insistants, en gros des comportements d'hommes désobligeants, sont rares. Et pourtant, je n'ai pas passé une seule journée sans être alpaguée, suivie ou sifflée.

LES DESTINATIONS LES PLUS SÛRES

Même si ces comportements sexistes sont partout, existe-t-il certaines régions du monde où ils se font plus rares que d'autres ? Comment éviter les pays où les violences et comportements agressifs envers les femmes sont récurrents ?
Une étude a été réalisée par le blog canadien « Asher & Lyric » sur les destinations les plus sûres et les plus dangereuses pour les femmes voyageant seules. L'étude se présente sous forme de note attribuée par pays. Les scores sont calculés sur plusieurs critères tels que le taux de violences conjugales dans le pays, les inégalités de genre, l'indice d'homicide volontaire, le pourcentage de femmes qui se sentent en sécurité lorsqu'elles marchent seules la nuit, etc. Aucun pays n'a reçu la note de A. Dans les destinations les plus dangereuses pour les femmes, on trouve notamment l'Afrique du Sud, le Brésil, la Russie, le Mexique et l'Iran. Parmi les destinations les plus sûres, on trouve sur le podium : l'Espagne, Singapour, l'Irlande, l'Autriche et la Suisse. Mais les chiffres ne disent pas tout. J'ai été étonnée de voir la Thaïlande avec un score aussi bas, car c'est un pays où je me suis vraiment sentie en sécurité en tant que femme. De plus, la majorité des voyageuses que j'ai rencontrées me l'ont recommandé pour un premier voyage solo.

POURQUOI NE FAUT-IL PAS SE FIER AUX IDÉES REÇUES SUR LES DESTINATIONS ?

Les études sur les destinations sûres pour les voyageuses solo sont intéressantes, mais ne sont pas à prendre au pied de la lettre. Pour un premier voyage solo, vous pouvez vous en inspirer pour trouver une destination qui peut vous rassurer. Mais de manière générale, soyons vigilantes sur les idées reçues que l'on peut avoir sur une destination. Comme toujours, la meilleure solution pour savoir si une destination est faite pour soi, c'est de se renseigner auprès de celles qui y sont allées et de tester par soi-même pour ne pas passer à côté d'un lieu qui peut nous apporter tant de choses.

« J'essaye de ne pas être dans le préjugé lorsque je choisis ma destination, c'est très important. »

Hyo est une jeune entrepreneuse parisienne originaire de Busan en Corée du Sud. Elle a voyagé dans plus de 45 pays en solo et a créé en 2018 « Nomad Her », une application qui met en relation des voyageuses solo (l'appli est à retrouver dans la Toolbox). Lors de nos échanges, elle m'explique : « J'essaye de ne pas être dans le préjugé lorsque je choisis ma destination, c'est très important. »
C'est une phrase qui est très souvent revenue lors des interviews. De nombreuses destinations sont souvent boudées par les voyageuses parce qu'elles nous sont très souvent déconseillées.
Un exemple qui illustre bien cette idée, c'est celui de l'Iran classé en cinquième position des destinations les plus dangereuses dans l'étude réalisée par « Asher & Lyric ». Dans le deuxième épisode de leur podcast « La Bougeotte », dédié au voyage solo au féminin (que je vous recommande vivement d'écouter ne serait-ce que pour les précieux conseils et témoignages que chaque épisode vous offre), Laura, Daisy et Marine ont interrogé deux jeunes femmes qui ont voyagé plusieurs semaines dans ce pays qui a pourtant la réputation d'être dangereux pour les femmes. « N'hésitez pas et allez-y ! Foncez ! » expliquent les deux voyageuses, « Il n'y a pas d'appréhensions à avoir. » Une des deux jeunes femmes explique : « Quand j'ai annoncé que j'allais en Iran, beaucoup m'ont dit que c'était une mauvaise idée. Mais finalement je suis très contente de ne pas les avoir

écoutés et d'y être allée parce que c'est bien de se faire une idée par soi-même. C'est une de mes meilleures découvertes de voyage. »

QUELLES DESTINATIONS LES VOYAGEUSES SOLO RECOMMANDENT-ELLES ?

Pour vous aider à trouver une destination plus « facile » pour un premier voyage solo, voici un petit florilège des destinations qui m'ont été le plus recommandées par les voyageuses solo que j'ai interviewées :

Pour aller au bout du monde et être dépaysée

La majeure partie des voyageuses que j'ai interviewées les ont conseillées à l'unanimité : L'Asie de l'Est et la Thaïlande. Les avantages des pays de cette région sont multiples : grand respect des femmes et des touristes en général, sécurité politique et sanitaire (en restant prudent), niveau de vie peu cher, dépaysement total, expérience riche et rencontres garanties !

- La Chine
- Le Japon
- Taïwan
- Hong Kong
- La Corée du Sud
- La Thaïlande

Pour celles qui appréhendent la barrière de la langue

Il y a bien évidemment nos amis francophones :

- La Belgique
- Le Québec
- La Suisse

Les DOM-TOM sont également de très belles destinations pour un premier voyage solo.

- La Martinique
- La Réunion
- La Nouvelle-Calédonie,
- La Polynésie française, etc.

Mais parfois, pas besoin d'aller aussi loin ! Est-ce que vous êtes déjà allée en Provence ? En Bretagne ? En Alsace ? Voyager en France pour une première expérience en solitaire est idéal ! Si vous n'êtes jamais allée en Corse, pourquoi ne pas tenter un roadtrip sur l'île de beauté ou pour les amoureuses de randonnée, parcourir une partie du GR20 ?

Pour être émerveillée et dépaysée mais sans trop s'éloigner (et sans faire 10 heures d'avion) : l'Europe

Pendant la crise sanitaire, c'est sur les pays de l'espace Schengen que j'ai fait mon choix. Pays chauds, pays froids, destinations peu chères, vous avez un large choix !

- Le Royaume-Uni (Angleterre, Écosse, Pays de Galles, Irlande du Nord)
- L'Islande
- L'Espagne et le Portugal
- L'Autriche
- La Croatie
- Malte
- La Slovénie
- Les pays baltes : Estonie, Lettonie, Lituanie
- La Pologne
- La Grèce, la Crète et ses îles
- Les pays nordiques (Norvège, Suède, Danemark, Finlande)

S'orienter

Un des clichés dont nous sommes souvent victimes, c'est celui qui considère que les femmes sont incapables de s'orienter toutes seules. On l'entend tellement souvent, que de nombreuses femmes sont persuadées qu'elles sont incapables de lire une carte alors que c'est totalement faux. Tout s'apprend, rien n'est acquis, si vous n'avez jamais tenu une carte entre vos mains est-ce que ça veut dire que vous seriez à tout jamais incapable d'en décrypter une ? Personnellement, je n'ai jamais eu un très grand sens de l'orientation mais je me débrouille comme je peux et je m'en suis très bien sortie lors de mon voyage.

L'astuce - Comment s'organiser pour bien s'orienter ?

1. Prévoyez de télécharger vos plans sur Google Maps au cas où vous êtes en hors connexion (sans wifi). Je vous montre comment faire dans la Toolbox.
2. Enregistrez les lieux que vous souhaitez visiter au fur et à mesure pour ne rien oublier. Mapstr est une très bonne application qui vous permet d'enregistrer les endroits à visiter ou déjà visités. Très bonne idée pour partager vos bons plans et pour vous souvenir des bonnes adresses.
3. Laissez-vous vous perdre ! N'écoutez pas toujours votre GPS. Si cette ruelle colorée vous attire mais qu'elle ne vous amène pas à bon port, allez-y quand même. Prenez le temps, c'est ce que vous avez de plus précieux dans votre voyage.

Une chose qui m'a beaucoup marquée lors de mon voyage solo, c'est que j'étais constamment épuisée les premières semaines. Tout simplement parce que je n'arrivais pas à maîtriser mon envie d'aller absolument partout. Je voulais faire beaucoup de choses en peu de temps et je n'avais personne pour canaliser mon hyperactivité. Avec le temps, je me suis calmée, mais ça n'a pas été une mince affaire ! Le conseil que j'ajouterais ici, c'est de bien prendre votre temps. Canalisez vos envies de vouloir tout faire en une journée car sinon, au bout de 4 heures, vous serez épuisée et n'aurez qu'une envie, c'est de rentrer à votre hébergement.

Pour conclure, sur cette première partie, voici les trois meilleurs conseils des voyageuses que j'ai interviewées pour préparer au mieux sa première expérience de voyage solo :

- **Choisissez une durée courte**, pour faire un premier test et voir si le voyage solo est fait pour vous. Vous pouvez tester dans un premier temps sur 1 ou 2 semaines (ou même seulement quelques jours).
- **Choisissez une destination qui vous rassure**, cela peut être une destination à moins de 2 heures d'avion de chez vous, un pays qui parle votre langue ou un endroit où vous avez de la famille ou une personne que vous connaissez qui y vit.

- **Préparez votre itinéraire et vos hébergements.** Vous n'avez pas besoin d'organiser vos journées à la demi-heure près, mais au moins les grandes lignes de votre itinéraire. Réserver vos hébergements vous permettra de gagner en sérénité, vous savez que vous aurez un pied à terre à votre arrivée.

Pas encore chaud pour un voyage vraiment solo ?

Si le doute persiste, mais que vous avez quand même envie de vous lancer sans trop vous mouiller, il existe des solutions.

Le bénévolat

DANS DES ASSOCIATIONS À L'ÉTRANGER

Le bénévolat, c'est la bonne solution pour partir seule tout en étant assurée de retrouver du beau monde sur place avec qui partager l'expérience du voyage. Je ne parle pas ici de VIE (Volontariat International) qui vous permet de réaliser des missions professionnelles dans une entreprise française à l'étranger (avec une durée minimale de 6 mois). Je vous parle ici de missions bénévoles sur des courtes durées, réalisées dans des associations à l'étranger. L'avantage du bénévolat, c'est que vous êtes, la plupart du temps, encadrée par du personnel local et entourée de bénévoles qui, comme vous, sont venus seuls. En plus, c'est pour la bonne cause ! Vous aurez la chance de vivre des moments forts en émotions et de revenir avec des souvenirs que vous garderez toute votre vie. Avec le bénévolat, vous avez les atouts d'un voyage solo : les belles rencontres, la découverte de soi, l'expérience riche et unique tout en vous garantissant de n'être jamais seule et d'être entourée par des professionnels pour vous guider.

Cependant, faites attention aux centres que vous choisissez. Parfois, certains centres d'accueil pour les bénévoles sont de vrais business et profitent de la tendance pour en faire des usines à bénévoles. C'est surtout le cas pour le bénévolat avec les animaux où certaines associations sont en vérité des zoos déguisés. On vous fait croire que vous allez aider à préserver la biodiversité locale, alors qu'en vérité les animaux sont encastrés dans des cages minuscules et exposés dans un parc pour que les touristes puissent venir les prendre en photo et leur donner des fruits. Le problème c'est que sans le savoir, vous financez et contribuez à un business malsain.

COMMENT ÇA MARCHE ?

Je préfère vous prévenir, le voyage en mission bénévole n'est pas de tout repos ! Ce ne sont pas des vacances, loin de là. Il faut en être consciente, sinon vous risquez d'être déçue. Souvent, entre vos missions, vous avez des jours de repos et du temps libre pour visiter les alentours, mais ces moments sont occasionnels. Vous ne pouvez pas vraiment compter là-dessus pour visiter pleinement le pays, notamment parce que vous manquez de temps mais aussi parce que vous êtes fatiguée de vos journées de travail (si les missions sont physiques, par exemple). D'autant plus que beaucoup de centres sont en périphérie des villes, dans des villages perdus loin des attractions touristiques. C'est cependant un bon moyen pour faire du tourisme autrement : en visitant des lieux loin des foules et en soutenant les initiatives locales.

Contrairement à ce que l'on pourrait penser, voyager en faisant du bénévolat ne veut pas dire voyager gratuitement. Lorsque vous faites appel à un organisme pour faire du bénévolat, vous êtes la plupart du temps logée, nourrie et blanchie dans le centre, ce qui représente un coût pour l'organisme d'accueil. Généralement, le tarif inclut : la nourriture, l'hébergement au centre et un don reversé à l'association. En termes de tarif, comptez en moyenne 500 € pour 2 semaines de bénévolat. Vous donnez donc à la fois du temps et de l'argent à l'association, c'est pour cette raison que vous devez être très vigilante sur le choix de votre centre d'accueil, afin d'être certaine qu'il s'agisse d'une « vraie » association.

L'astuce - Comment bien choisir sa mission bénévole ?

1. Renseignez-vous sur ladite association au-delà de la plateforme de bénévolat si vous en utilisez une. Jetez un œil sur leurs réseaux sociaux, leur site web, leurs conditions générales, etc., pour voir si le lieu est clean et s'il est bien en accord avec vos valeurs.
2. Renseignez-vous également sur les missions qui vous sont proposées sur place. Selon le type de bénévolat que vous choisirez, les missions varient du tout au tout. Dans certains centres, vous devez vous lever à 5 heures du matin pour vous occuper des petits-déjeuners des animaux, par exemple. Réfléchissez bien à ce que vous recherchez dans cette expérience et ce que vous ne voulez pas faire comme mission.
3. Prenez le temps de vérifier les avis et commentaires des anciens bénévoles sur le centre et les missions proposées.
4. Pour avoir le temps de vraiment apprécier l'expérience et d'en tirer tous les bénéfices, prévoyez au minimum 2 semaines dans le centre. Sachant que la plupart des associations n'acceptent que les bénévoles qui restent au moins 15 jours sur place (parfois plus).
5. Dans l'idéal, essayez de trouver une association située près de zones d'intérêt pour avoir des choses à faire lors de vos jours de repos (le temps peut être long sinon).

Le Wwoofing

Le concept du Wwoofing est très simple : vous travaillez au sein d'une ferme biologique en échange du gîte et du couvert. C'est l'idéal pour un premier voyage en solitaire et en plus, vous n'avez même pas besoin de partir à Petaouchnok. Le réseau Wwoofing est très développé en France comme à l'étranger et il y en a pour tous les goûts. Si vous aimez la nature et les animaux, vous ne serez pas déçue du voyage : fermes biologiques, vignes, maraîchers et pépinières vous ouvrent leurs portes. C'est peut-être l'occasion de trouver une nouvelle vocation, sait-on jamais.
En 2021, Fanny s'est lancé un défi : parcourir la France en solo pour découvrir nos belles régions et peut-être trouver celle qui la fera vibrer pour s'y installer à long terme. Pour se loger, elle utilise plusieurs modes d'hébergement et notamment le couchsurfing et le Wwoofing : « Le Wwoofing c'est un bon moyen pour découvrir une région sans se ruiner. L'avantage, c'est qu'en dehors des heures à la ferme, on a le temps de découvrir le coin et de lier des amitiés avec les hôtes. »

Pour le coup, si vous hésitez entre le bénévolat et le Wwoofing, sur ce point le Wwoofing est plus intéressant, car le temps de travail est réglementé à 5 demi-journées par semaine. Pour 25 € (le coût de l'adhésion à la plateforme), vous avez accès à une multitude d'hôtes passionnés par leur métier, qui défendent des valeurs fortes et qui peuvent vous apporter de très bons conseils pour découvrir au mieux la région.

Cependant, à l'approche de l'hiver, la plupart des chantiers ferment leurs portes. Selon le pays où vous souhaitez faire du Wwoofing, renseignez-vous sur les saisonnalités pour ne pas vous retrouver sans Wwoof à l'approche de la période hivernale. En France par exemple, entre novembre et mars, la plupart des hôtes ferment leurs portes aux woofers.

L'astuce - Les conseils de Fanny pour trouver le Wwoof idéal

1. Si vous comptez woofer l'été, prenez vous-y à l'avance pour réserver et contacter les hôtes, les places partent très vite !

2. Comme pour le couchsurfing, n'hésitez pas à faire plusieurs demandes en même temps. « L'été dernier, j'ai eu de nombreuses non-réponses à mes demandes de Wwoofing et beaucoup d'hôtes qui me répondaient n'étaient pas disponibles à mes dates » m'explique Fanny.

3. Définissez au préalable vos horaires de mission avec votre hôte. En moyenne, comptez entre 4 et 5 heures par jour. Définissez ensemble des horaires clairs pour éviter les abus et pour avoir le temps de sortir de la ferme pour découvrir le coin. « Le premier Wwoofing que j'ai fait, j'ai dû travailler non-stop les 3 premiers jours, c'était très fatigant ! »

Le petit conseil personnel que j'ajouterais à la liste, c'est de ne pas hésiter à demander un premier contact avec l'hôte par téléphone. Cet automne, j'avais très envie de tester quelques jours dans une ferme bio située dans un monastère près de chez moi. Le frère responsable du Wwoofing m'a demandé un échange par téléphone que j'ai accepté avec grand plaisir et bien m'en a pris ! Le premier contact se passe bien, puis au fil de la conversation je commence à douter. L'hôte m'annonce que certaines zones du monastère ne sont pas accessibles aux femmes. Il y a donc certains couloirs que je n'aurais pas le droit d'emprunter, certains jardins que je ne pourrais pas approcher et certaines chambres où je ne pourrais pas dormir. Vous vous en doutez, je n'ai pas donné suite après cet appel.

Covoyager

Oui ça existe ! Vous avez peut-être déjà covoituré et bien sachez qu'aujourd'hui, c'est tout à fait possible de covoyager. Le concept est simple : trouver un compagnon de voyage qui part en solo au même endroit et au même moment que vous.

Pour ce faire, il y a deux options :
- passer par nos amis les réseaux sociaux ;
- ou passer par des agences spécialisées en covoyage.

COMMENT TROUVER SON COVOYAGEUR SUR LES RÉSEAUX SOCIAUX ?

Rien de plus simple ! Rédigez un post dans un groupe Facebook dédié (je vous en recommande un certain nombre dans la Toolbox) et lancez votre bouteille à la mer pour peut-être trouver votre perle rare. N'hésitez pas à mettre des photos de vous en voyage, de parler de vos centres d'intérêt et peut-être même commencer à parler de votre itinéraire. C'est la meilleure façon de convaincre des voyageuses qui ont les mêmes envies que vous, de vous rejoindre dans votre épopée. Les voyageuses sur les groupes Facebook sont très bienveillantes et vous apporteront de précieux conseils sur votre destination. Même si elles ne vous rejoignent pas dans l'aventure, les voyageuses auront forcément quelque chose à vous apporter, ne serait-ce que leur soutien. L'avantage du covoyage, c'est que vous pouvez aussi faire de belles économies en divisant les frais d'hébergement par deux.

COMMENT TROUVER UN COVOYAGEUR VIA UNE AGENCE SPÉCIALISÉE ?

Copines de Voyage est une agence spécialisée dans le covoyage au féminin. L'agence propose tout type de voyages : du short break au long séjour, et de nombreuses thématiques : randonnées, retraites, croisières, safaris, etc. J'ai eu l'occasion d'échanger avec Émilie, responsable marketing digital de l'agence, afin d'en savoir un peu plus sur le fonctionnement du covoyage : « Les femmes qui font appel à nos services réservent leur voyage et se reposent entièrement sur nous. Elles peuvent profiter de leurs vacances sans avoir à penser à l'organisation. C'est un vrai confort. » Les séjours se déroulent en petits comités (entre 8 et 10 personnes par groupe) pour favoriser les échanges entre les covoyageuses.

Comment ça se passe pour s'inscrire sur un séjour ?

Vous créez un compte, sélectionnez le séjour qui vous donne envie et cliquez sur « Ça m'intéresse ». Vous avez ensuite accès à un espace de discussion avec les autres femmes intéressées par ce voyage. Si vous êtes convaincue, vous pouvez ensuite réserver votre voyage sur la plateforme. Avant de partir, les voyageuses ont connaissance des profils des autres femmes qui vont voyager avec elles. Généralement, elles s'échangent leurs numéros pour créer un groupe Whatsapp et discuter ensemble du départ.

Pourquoi opter pour une agence spécialisée en covoyage féminin ?
« Quand on est dans un groupe de femmes, l'ambiance est complètement différente et les filles se livrent très vite sur certains sujets qu'elles ne pourraient pas aborder aussi facilement avec un public masculin » m'explique Émilie. Plus de 15 000 femmes ont réalisé un voyage via Copines de Voyage, c'est la seule agence qui propose de réaliser du covoyage 100 % féminin.

Partie 2

Les 3 thématiques clés

Avant de me lancer dans l'écriture du guide, j'ai voulu étudier les principales craintes des futures voyageuses solo. De quoi avaient-elles peur ? Pourquoi hésitent-elles à se lancer ?
Pour ce faire, j'ai réalisé une enquête quantitative sur la base d'un questionnaire en ligne diffusé sur les réseaux sociaux auprès d'une centaine de femmes. J'ai également croisé mes résultats avec ceux d'autres enquêtes menées par d'autres sources (des tour-opérateurs, des agences de voyages indépendantes, des blogueuses, etc.) et les résultats sont très similaires. À partir de ces données, j'ai relevé 3 problématiques qui représentent un véritable frein pour les femmes qui aimeraient voyager seules : l'insécurité, la solitude et les problèmes liés à l'hygiène et la santé.

L'insécurité

Pourquoi est-ce un sujet important ?

87 % des femmes qui ont répondu à mon questionnaire en ligne, craignent de se sentir en insécurité lors de leur voyage en solitaire et 4 % seulement n'ont aucune crainte. Triste constat, l'insécurité est, avec la solitude, le premier sujet de préoccupation des femmes qui veulent se lancer dans un voyage en solitaire. Et pour cause, nous avons toutes entendu au moins une fois dans notre vie, d'horribles histoires dans les faits divers sur de pauvres femmes qui ont été victimes d'agression, de viol, de harcèlement ou de meurtre au cours d'un voyage en solitaire. Et cela ne date pas d'hier ! Autrefois, les femmes qui souhaitaient voyager seules se travestissaient en homme pour ne pas avoir à subir d'agressions sexuelles ou des comportements sexistes.
Dans un très bon article publié dans *Courrier International Expat* en 2019 (et dont je vous recommande la lecture), Megan Specia et Tariro Mzezewa ont interviewé Phumzile Mlambo-Ngcuka, la présidente d'ONU Femmes, l'agence onusienne qui milite pour l'égalité des hommes et des femmes. Elle explique : « Il est établi que les femmes courent dans l'espace public des risques auxquels ne sont pas exposés les hommes, dans leur pays mais pas seulement [...] Pas seulement chez elles, c'est-à-dire de plus en plus, en dehors de leur pays et en solitaire. »

L'insécurité dans le voyage solo est un sujet important car ce n'est pas un mythe, il faut se le dire. La peur des femmes qui n'osent pas voyager seules est totalement légitime. Mais elle ne doit pas être un frein et nous empêcher en tant que femme de nous réaliser et de nous émanciper par le voyage. Mais pour s'affranchir de cette peur, la surmonter et l'utiliser comme une force, nous devons avant tout la comprendre. Et pour cela, il faut en parler.

De quoi parle-t-on ? Quels sont les types d'insécurités ?

Concrètement de quoi parle-t-on lorsqu'il s'agit d'insécurité pour les voyageuses solo ? Elle peut se présenter sous plusieurs formes et notamment :

- **le harcèlement de rue**, qui se manifeste sous la forme de comportements désobligeants envers les femmes dans l'espace public : sifflements, interpellations familières, insultes, échanges insistants, etc. ;
- **le harcèlement et les agressions sexuelles**, c'est-à-dire lorsque l'on se voit imposer des propos ou des comportements à connotation sexuelle, sexiste et/ou que l'on subit une agression sexuelle (attouchement et/ou pénétration non consentie) ;
- **les discriminations et le racisme**, subis par de nombreuses femmes de couleur qui en sont le plus souvent victimes. Ces dernières années, la parole s'est libérée sur le sujet et des communautés se sont formées pour dénoncer ces discriminations, comme Black Girls Travel Too, qui dénonce le racisme subi par les voyageuses solo noires.

Vous l'aurez remarqué, ces cas d'insécurité sont exactement les mêmes que ceux que l'on peut subir chez nous : dans notre ville, dans notre pays, dans notre maison. En parallèle de ces formes d'insécurité se pose également la question des inégalités entre les hommes et les femmes dans le pays de destination. Dans certains endroits du monde, le droit des femmes à voyager seules n'est pas normalisé (c'est le cas en Arabie saoudite par exemple).

Aux États-Unis par exemple, jusque dans les années 1920, les femmes se sont battues pour obtenir le droit de voyager seules sans l'accord de leur mari. Elles devaient avoir un passeport sous le nom de leur mari : « Si vous étiez mariée et que vous voyagiez à l'étranger, votre mari possédait vraisemblablement un passeport vous identifiant tous deux comme "M. Dupont et son épouse". Seules les femmes célibataires pouvaient demander un passeport sur lequel figurait leur nom de naissance. Si une femme mariée souhaitait avoir son propre passeport afin de voyager seule, celui-ci était toujours au nom de son mari en mentionnant : "Mme Dupont" » explique la journaliste Betty Little dans un article de *National Geographic*[1]. Le progrès n'a malheureusement pas évolué de la même manière dans tous les pays. Pour de nombreuses femmes dans le monde aujourd'hui, voyager seule n'est pas un droit. C'est aussi pour cette raison, que voyager seule dans certains pays, peut attiser la curiosité des locaux.

Les faits : l'insécurité dans le voyage solo féminin

On ne dispose que de très peu de données qui recensent les cas d'agressions chez les femmes qui voyagent seules. Et pourtant paradoxalement, les affaires criminelles liées aux voyageuses solo sont très souvent médiatisées.

Dans leur article, Megan Specia et Tariro Mzezewa expliquent que ce manque de statistiques n'est pas étonnant : « La raison est simple : la plupart des pays ne tiennent pas de statistiques précises des violences commises à l'encontre des voyageuses en solitaire. [...] C'est que, pour la présidente d'ONU Femmes, Phumzile Mlambo-Ngcuka, les gouvernements n'ont aucun intérêt à collecter, et moins encore à rendre publiques, des données qui pourraient nuire à leur image. Peu de pays jugent important d'aller chercher ce genre d'information : impossible, donc, de suivre la fréquence de ces violences ou d'analyser des tendances. » Formidable n'est-ce pas ?

Difficile donc d'utiliser les chiffres pour évaluer et définir concrètement les risques liés au voyage solo dans chaque pays du monde.

Raison de plus pour dire qu'il est très difficile de définir les destinations à ne pas recommander pour un voyage solo, puisqu'on ne dispose pas de données concrètes. Ce que l'on sait cependant, c'est que les risques d'agressions envers les voyageuses solo existent, tout comme ils existent dans notre vie de tous les jours.

De plus, le sentiment d'insécurité d'un pays à un autre peut être totalement différent d'une voyageuse à une autre. Hyo par exemple, qui a

1. Becky Little, « Ces femmes se sont battues pour avoir le droit de voyager dans les années 1920 », *National Geographic*.

voyagé dans plus de 45 pays, se sent bien plus en insécurité à Paris qu'à Singapour. Notamment parce qu'elle a subi de nombreuses insultes à l'égard de son origine, plus qu'ailleurs dans le monde.

D'où vient la peur ?

LES RISQUES EXISTENT, LA PEUR EST LÉGITIME

Votre peur existe parce qu'il y a des risques et elle est donc totalement légitime. Mais en tant que femme, que nous soyons dans notre maison ou à l'autre bout du monde, les risques d'insécurité sont les mêmes. Stressée à regarder au-dessus son épaule si on est suivie dans la rue, ou pressée car on veut rentrer avant la tombée de la nuit. Nous n'avons donc aucune raison de nous empêcher de voyager seules, car nous ne sommes pas plus en sécurité à Paris en prenant un Uber à 2 heures du matin pour rentrer chez nous, qu'à Bangkok en allant boire un verre en ville avec des amis.

> « J'aimerais vivre dans un monde où les femmes peuvent voyager simplement en s'épargnant toutes ces précautions auxquelles échappent les hommes. Mais ce monde n'existe pas. »

Toujours dans l'article de *Courrier International,* les journalistes présentent le portrait de Jessica Nabongo, qui souhaite devenir la première femme noire à avoir fait le tour du monde. Elle prononce une phrase qui selon moi résume parfaitement la problématique à laquelle nous sommes confrontées en tant que femmes qui voyagent seules : « J'aimerais vivre dans un monde où les femmes peuvent voyager simplement en s'épargnant toutes ces précautions auxquelles échappent les hommes. Mais ce monde n'existe pas. »

LES ON-DIT, LA PRESSE ET LES MÉDIAS

C'est un peu comme tout dans la vie, la copine d'une amie de votre cousine s'est fait droguer dans un bar lors de son voyage. Et pourtant d'un autre côté, votre tante et votre belle-sœur ont également voyagé seules dans cette même destination et vous diront que c'est sans risque. Alors

qui croire et comment se positionner ? La meilleure option, c'est d'aller à la source pour vérifier les informations. Les on-dit ne sont pas les meilleures sources aux bons conseils car sont souvent déformés de la réalité ou mal interprétés. La meilleure façon de vous renseigner est de vous rapprocher de celles qui ont vraiment vécu l'expérience pour entendre leurs conseils de leurs propres bouches et pas de celles des autres. De cette façon, s'il y a des risques à prendre en compte, ils seront pour sûr avérés.
On trouve aussi de très nombreux articles sur Internet qui présentent les risques du voyage solo. C'est sur ce genre d'articles que l'on tombe lorsque l'on est un peu prise de panique, avant de réserver son vol et qu'un doute s'installe avant de cliquer sur « Payer ». On tape « Risque voyage seule » sur Google et là c'est la ribambelle des articles alarmistes sur les risques du voyage solo au féminin qui défile. Le meilleur conseil que je peux vous donner à ce sujet, c'est de ne pas trop lire les articles de ce type. Les articles sont d'excellents outils pour trouver des conseils et de l'inspiration. Mais en en lisant trop, vous risquez de générer une peur démultipliée sur des faits qui ne sont pas toujours fondés ni vérifiés. Fiez-vous uniquement aux conseils de celles qui ont vraiment vécu l'expérience. Si l'on devait comparer, c'est un peu comme si vous aviez mal à la gorge et que vous fonciez tout droit sur Doctissimo pour analyser vos symptômes. On est tous d'accord pour dire que ce n'est pas le meilleur endroit pour poser un diagnostic.
Cependant, si vous cherchez à vous renseigner sur les dangers du voyage en solitaire, vous verrez que beaucoup d'articles sur le web veulent vous rassurer sur le sujet et sont bienveillants.

LA PERSPECTIVE DU RISQUE DANS NOTRE SOCIÉTÉ

Jessica Watson est la plus jeune femme à avoir fait le tour du monde à la voile à l'âge de 16 ans. À l'époque où elle souhaite se lancer, elle rencontre de nombreux obstacles, notamment des personnes bien plus âgées qu'elle qui lui interdisent la traversée. L'histoire de Jessica a inspiré deux chercheurs : Mike Brown et Dawn Penney qui ont mené une étude sur la prise de risque dans notre société contemporaine et occidentale. Leur travail ainsi que celui de nombreux autres chercheurs ont révélé que notre société a tendance à être obsédée par la volonté de limiter les risques dans chacune de nos activités humaines afin notamment de réduire la probabilité d'accidents, de maladies ou de décès.

J'aime beaucoup cette image de la navigatrice solitaire qui traverse le monde à la voile totalement seule. En voyage solo, on est son propre skipper.
Ce que j'ai personnellement retenu de cette histoire, c'est que nous avons tous plus ou moins une tendance à évaluer les risques dans tout ce que nous entreprenons, que cela soit dans notre vie privée ou professionnelle. Lorsque l'on veut entreprendre un voyage en solitaire, automatiquement nous sommes programmées pour évaluer les risques que nous allons potentiellement encourir : les risques financiers, les risques liés à l'hygiène et à la santé, les risques liés à la sécurité ou à l'inconfort, etc. Sachez que c'est un phénomène totalement humain que d'anticiper les potentiels risques d'un tel projet. Mais ne vous prenez pas trop la tête. Le risque, c'est que vous génériez de l'anxiété et du stress en envisageant tous les possibles phénomènes qui pourraient vous arriver. Anticiper les risques, c'est une bonne chose, mais sachez qu'il est impossible de tout appréhender. C'est aussi ça, après tout, le voyage : vivre dans l'inconnu.

LES PEURS QUI NE VIENNENT PAS DE NOUS

Dans la même lignée, je suis persuadée que certaines craintes que nous avons toutes sur le voyage en solitaire, et notamment la peur de se sentir en insécurité, ne viennent pas entièrement de nous mais aussi de nos proches. Votre entourage projette aussi certaines peurs sur vous. Combien de fois ai-je entendu dire « Mais ce n'est pas risqué ? », « Tu ne veux pas partir avec un copain ou une copine ? ». Je suis persuadée que la plupart des femmes qui ont déjà voyagé seules, ou qui l'ont même seulement envisagé, ont entendu ce genre de phrases de la bouche de leur entourage.

« Préparez votre argumentaire ! »

Ces personnes peuvent vous transmettre des peurs qui ne vous appartiennent pas, non parce qu'elles ne croient pas en vous, mais parce qu'elles ont peur pour vous. Si vous êtes une personne assez sensible, qui a tendance à se laisser influencer par les émotions des autres, cela peut représenter une véritable épreuve à surmonter, mais ne lâchez rien ! Le conseil de Marlène, la maman voyageuse solo : « Préparez votre argumentaire ! » Avant d'annoncer votre voyage à votre entourage, préparez-vous à répondre à toutes les questions que l'on pourrait vous poser. Réfléchissez aux raisons pour lesquelles vous partez, pour que vous sachiez quoi répondre aux personnes qui, sans forcément le vouloir, risquent de vous dissuader de votre choix.

Quelles solutions ?

Vous ne serez jamais trop extrême dans la préparation de votre voyage et dans les précautions que vous prendrez pour garantir votre sécurité. Il existe de petites astuces toutes simples pour vous faire gagner en sérénité.

BIEN INFORMER VOS PROCHES

C'est toujours un peu plus rassurant lorsque l'on sait qu'une personne serait capable de nous trouver en cas de problème. Si vous avez préparé un itinéraire, transmettez-le à vos proches, ça ne vous coûte rien. Mes parents avaient chacun une petite fiche où je leur avais indiqué mes destinations avec les dates d'arrivée et de départ ainsi que mes codes d'accès à mon espace Booking pour qu'ils puissent, en cas de besoin, accéder aux coordonnées de mes auberges de jeunesse. Ne vous sentez pas obligée de vous donner tant de mal, je suis de nature très prévoyante. Mais même si vous ne donnez pas votre itinéraire en amont à vos proches, n'hésitez pas à leur envoyer régulièrement des nouvelles en partageant votre localisation.

S'ADAPTER À LA CULTURE SUR PLACE

On ne maîtrise pas tous les codes de la culture du pays dans lequel on voyage. Le conseil que n'importe quelle voyageuse solo vous donnera pour limiter les comportements désobligeants (et éviter par la même occasion d'offenser involontairement les locaux), c'est de vous renseigner en amont sur les us et coutumes locales pour éviter le choc culturel. Cindy a voyagé deux fois en Inde. Lors de son interview, elle me confie : « Ce qui m'a le plus étonné dans ce pays, c'est la place qu'ont les femmes dans la société. J'ai compris au cours de mon voyage, qu'il y avait des règles de "bonne conduite" que les femmes devaient adopter, sauf que moi je n'étais pas au courant. J'ai donc fait des efforts vestimentaires pour m'adapter au mieux aux coutumes locales. »

Si vous avez des doutes lorsque vous êtes sur place, n'hésitez pas à poser des questions aux locaux. Si vous êtes dans une auberge de jeunesse, vous pouvez vous renseigner auprès de la personne qui gère l'établissement : généralement, le personnel est de très bon conseil.
J'ai également eu quelques témoignages de voyageuses qui m'expliquaient que, parfois dans certains pays, la place de la religion pouvait avoir un impact non négligeable sur le comportement des hommes envers les femmes. Par exemple, dans la plupart des pays musulmans, la religion n'autorise pas les hommes à discuter avec d'autres femmes que celles de leur famille. Encore une fois, n'hésitez pas à vous renseigner sur le sujet auprès d'hommes et de femmes qui vivent sur place ou même auprès de voyageuses qui s'y sont rendues pour mieux vous cultiver sur le sujet.

EXPRIMER SON MALAISE

Lorsque vous vivez un moment inconfortable avec une personne, que vous vous sentez anxieuse, exprimez-lui ce que vous ressentez. Sans forcément lui dire ouvertement que vous avez peur, mais en expliquant ce qui vous met mal à l'aise. Par exemple : « Je me sens mal à l'aise après votre réflexion sur ma tenue », « Je suis désolée, mais votre question m'embarrasse, je n'ai pas envie d'y répondre ». D'abord parce que la personne concernée ne sait pas forcément qu'elle adopte un comportement inapproprié envers vous et ne ressent pas forcément votre peur. Beaucoup d'hommes ne se rendent pas compte qu'il y a des questions qui ne se posent pas. Cela vous permet de mettre de côté tout malentendu, de briser la glace et de vous sentir peut-être plus à l'aise.
Mais aussi parce qu'exprimer votre peur peut vous servir de porte de sortie dans une situation compliquée. Si vous exprimez votre ressenti à la personne et que vous voyez qu'elle n'est pas gênée, qu'elle ne s'excuse pas, qu'elle ne change pas son comportement, vous savez à quoi vous en tenir.

ÉCOUTER SON INSTINCT ET SUIVRE SON INTUITION

Merci Sherlock ! Mais comment s'y prend-on ? Suivre son intuition, c'est avant tout savoir écouter cette petite voix dans sa tête qui nous dit de faire ou non quelque chose. Ça se pratique et s'apprend avec l'expérience. Dans notre vie quotidienne, on ne le fait pas souvent, parce qu'on se perd dans notre multitude de choses à faire dans notre journée. L'avantage avec le voyage en solitaire, c'est que vous avez le temps de vous écouter. C'est au cours de votre voyage solo que vous apprendrez à mieux suivre votre intuition.

Faire la part des choses entre ses peurs et la réalité n'est vraiment pas une mince affaire. Parce que nous avons tellement l'habitude de nous méfier des hommes que nous avons peur d'extrapoler et de mal interpréter le comportement de ceux qui veulent lancer une discussion avec nous : « Est-ce qu'il a une idée derrière la tête ? Est-ce qu'il est en train de me draguer ? La prochaine fois, c'est sûr, je mets une fausse alliance ! Je vais faire genre que quelqu'un m'appelle comme ça, il va croire que je suis attendue quelque part. »

Utilisez la peur que vous ressentez pour vous protéger. Ne baissez jamais votre garde. Il y a des chances pour que, dans certaines situations, votre peur prenne le dessus et vous empêche de nouer une relation avec un homme parce que vous avez des doutes. Ce n'est pas grave, des rencontres vous aurez l'occasion d'en faire plein d'autres. Si vous avez des doutes, la question ne se pose pas, arrêtez-vous là et n'allez pas plus loin.

Pour finir, une autre petite astuce très pratique qui m'a été donnée par Fanny, une voyageuse aguerrie et fan de bivouac. Si vous êtes face à une situation avec un homme qui vous met mal à l'aise, essayez de reformuler la situation dans votre tête par une phrase. Si cela sonne anormal, alors il faut se méfier. Par exemple : « Cet homme me parle d'un truc intéressant, mais il se rapproche trop de moi et son regard me met mal à l'aise. » Le fait de reformuler, en pensée, ce qui se passe dans les faits aide à prendre une décision et à agir.

La solitude

Avec la problématique de l'insécurité, c'est LE sujet qui préoccupe le plus les voyageuses solo : la peur de faire face à la plus grande des solitudes.

Pourquoi est-ce un sujet important ?

On a tendance à penser, à tort, que les femmes qui voyagent seules sont celles qui aiment et recherchent la solitude. Ce n'est pas toujours le cas. Pour certaines d'entre nous, supporter la solitude n'est pas habituel. Mais ce n'est pas pour autant que le voyage solo n'est pas fait pour nous.

« Les premiers soirs, je suis toujours très triste et je me dis "Ohlala, mais qu'est-ce que j'ai fait ?" »

« Les premiers soirs, je suis toujours très triste et je me dis "Ohlala, mais qu'est-ce que j'ai fait ?" » Élisa est coach professionnelle. Elle a réalisé un Erasmus en Belgique à Bruges et m'a fait part de son ressenti par rapport à la solitude en voyage : « Pour ce voyage, je m'étais préparée des petits cadeaux pour les moments où je me sentirais mal : une bougie parfumée, un livre, des petits mots... Une sorte de petite attention à moi-même pour me réconforter dans les moments où je me sentais seule. »
Le voyage ne dure qu'un moment, la solitude aussi. Alors comment s'y préparer au mieux ? Comment surmonter la peur de la solitude ? Comment ne pas être seule en voyage solo et faire de belles rencontres ?

De quoi parle-t-on ?

Qu'est-ce qui nous fait peur dans le fait d'être seule en voyage (hormis la problématique de l'insécurité) ? La solitude implique plusieurs enjeux pour les personnes qui voyagent en solitaire :

- **l'autonomie** ou le fait de devoir se débrouiller par soi-même et d'être confrontée à des problèmes que l'on doit résoudre seule ;
- **le rejet**, la peur de se sentir jugée par les autres parce qu'on voyage seule, ce qui est parfois vu comme non conventionnel ;
- **l'intégration**, lorsque l'on appréhende de ne pas savoir comment s'intégrer et rencontrer de nouvelles personnes. On peut par exemple craindre de ne pas oser démarrer une discussion avec un inconnu dans une langue qu'on ne maîtrise pas ;
- **le (non-) partage**. C'est bien connu, voyager c'est partager. Mais si on voyage seule, comment partager son expérience avec les gens qu'on aime ? C'est souvent l'argument qui revient chez les gens qui ne veulent pas voyager seuls. Ils préfèrent voyager avec quelqu'un avec qui ils peuvent partager le moment et plus tard se remémorer les bons souvenirs du voyage ;
- **l'ennui**. Nous sommes nombreuses à le redouter quand nous prenons la route en solo. Nous craignons de nous ennuyer et donc de moins profiter du voyage qu'en étant accompagnées ;

- **l'oubli**. Lorsque l'on part plusieurs mois en voyage, on peut avoir peur d'être oubliée par nos proches. C'est une peur qui a souvent été évoquée lors des interviews.

Mal vivre la solitude, c'est OK !

On dit beaucoup de choses très positives sur le voyage en solitaire, et pour cause ! Mais pour beaucoup d'entre nous, ce n'est pas si évident de supporter la solitude. Moi la première. J'ai très mal vécu la solitude au bout de quelques semaines de voyage lorsque j'étais à Rome. Je me sentais mal à l'aise dans mon auberge de jeunesse miteuse, mes proches me manquaient, j'étais épuisée de tout gérer de A à Z, et je n'arrivais pas à mettre de côté mon flux de pensées angoissantes : « Est-ce que je fais bien de voyager maintenant alors que je devrais être en train de chercher un job ? », « Est-ce que je veux vivre à Lyon ou à Toulouse ? », « Comment est-ce que je vais trouver un appartement à mon retour de voyage ? », etc. Au fur et à mesure, j'ai réussi à vivre avec ces pensées et j'ai pris du temps pour me reposer, pour méditer (chose que je ne fais jamais dans la vie quotidienne), pour essayer d'apprécier la solitude. Et ça a marché ! Ce n'était qu'une question de temps.

Dans un article des *Échos* « Voyager seule : elles l'ont fait… et ont détesté », une voyageuse solo de 27 ans raconte son expérience : « J'avais lu que quand on voyage seule on est toujours entourée, que la question de la solitude ne se pose même pas. Mais c'est faux. J'ai l'impression que le négatif est un peu dissimulé. J'imagine que c'est parce qu'à la fin du voyage, on se souvient surtout des bons moments. »

On ne vit pas toutes la même expérience en voyage solo. Pour ma part, j'ai toujours été très entourée et je ne me suis jamais retrouvée une seule journée toute seule. Je rencontrais de nouvelles personnes tous les jours. Pourtant je suis partie en pleine période covid et en hors saison (en automne), on aurait pu croire que le moment n'était pas très propice à la rencontre, et pourtant.

Selon la destination, le moment, la préparation du voyage, votre tempérament, l'expérience du voyage solo d'une personne à une autre peut-être totalement différente.

Ne culpabilisez pas si vous n'arrivez pas à profiter de votre voyage parce que vous vivez mal la solitude et que vous ne pensez qu'à une chose :

rentrer chez vous. Ce sont aussi des choses qui arrivent surtout au début du voyage. Souvent, on arrive à surmonter cette solitude, en essayant d'aller davantage vers les autres malgré la barrière de la langue, avec des rencontres inattendues, ou en changeant tout simplement de ville ou d'hébergement. Parfois, il ne faut pas grand-chose pour changer la donne.
Mais il peut aussi arriver que, parfois, cela nous dépasse. On peut ressentir cette solitude tellement intensément qu'on n'arrive pas à profiter de son voyage. La seule façon de savoir si vous y arriverez, c'est de tester l'expérience. Dites-vous que c'est ok si votre voyage en solitaire ne se passe pas comme prévu et que finalement ça ne vous plaît pas.
Vous avez le droit de ne pas aimer le voyage solo, vous ne serez pas la première ni la dernière. Au moins, vous aurez eu le mérite d'essayer et cela restera forcément une expérience bénéfique pour vous.

Quelles solutions pour appréhender la solitude en voyage solo ?

PRENDRE CONFIANCE EN SOI POUR MIEUX ALLER VERS LES AUTRES

Faut-il avoir confiance en soi pour voyager seule ? Je ne pense pas. Je pense plutôt que c'est le voyage qui forge la confiance en soi et pas l'inverse. C'est en vous lançant dans des défis qui vous paraissent insurmontables que vous vous rendrez compte que vous êtes capable d'accomplir de grandes choses par vous-même. S'il y a bien une chose que j'ai retenue sur les 24 années de mon existence, c'est que la confiance en soi n'est pas quelque chose d'inné. La confiance en soi s'apprend avec le temps et s'améliore avec l'expérience. Votre voyage en solitaire fait partie de ces expériences qui peuvent vous aider à prendre confiance en vous. Nombreuses sont les voyageuses qui se lancent dans le voyage solo pour vaincre leur timidité, apprendre à se débrouiller seule, apprendre à dire non, à oser, à s'imposer, à écouter leur instinct. C'est le but même du voyage en solitaire : apprendre à se connaître. Il n'y a pas meilleure expérience que le voyage solo pour apprendre à avoir confiance en soi et à se dépasser.
Et ce n'est pas Jenny qui vous dira le contraire ! Jenny voyage solo depuis plus de 10 ans, elle est l'auteure du superbe blog « JDroadtrip » dans lequel

elle raconte ses expériences de voyages solo et livre ses meilleurs conseils aux femmes qui veulent voyager seules (son blog est à retrouver dans la Toolbox). Lors de son interview, elle m'explique : « Même si d'ordre général, je dis assez facilement ce que je pense, à l'époque où j'ai commencé à voyager seule j'étais très réservée, je ne parlais pas très bien anglais, c'était vraiment difficile pour moi d'aller vers les gens. Mais avec le temps, je me suis forcée à aller vers les gens, j'ai appris à partager, à communiquer, à pleurer aussi. Ça a été le voyage de ma vie. »

RENCONTRER DES BACKPACKERS

Rencontrer des gens qui voyagent comme vous ne sera pas difficile. N'oubliez pas que dans le monde chaque année, nous sommes plus de 138 millions de femmes à voyager seules (et il ne s'agit que des femmes !), il y aura forcément des backpackeuses sur votre chemin qui n'attendent que de vous rencontrer.
La meilleure façon de rencontrer des voyageurs et voyageuses comme vous, c'est de fréquenter les mêmes lieux qu'eux : les auberges de jeunesse, les campings publics, les bars, les restaurants etc.

« C'est un choix de faire des rencontres »

« C'est un choix de faire des rencontres » m'explique Jenny, « Si tu vas dans des hôtels, que tu vas dans des restos en dehors des horaires d'affluence ou que tu commandes à emporter, tu ne risques pas de faire beaucoup de rencontres. Mais c'est mon choix. Tout ça dépend de comment tu voyages ». Comme le dit Jenny, l'énorme avantage du voyage solo, c'est que si vous avez envie d'être totalement seule, c'est possible. Mais si vous avez vraiment envie de faire des rencontres, c'est très facile. Ne serait-ce qu'en participant aux soirées organisées par les auberges de jeunesse (il y en a des tas !) ou en vous inscrivant à un évènement local sur Meet-Up (je vous en parle un peu plus dans la Toolbox).

Anecdote - Le monde est petit !

Le soir où je suis arrivée dans mon auberge de jeunesse dans la magnifique ville de Florence, je prends possession de ma chambre. À ma grande surprise, sur les 6 lits disponibles dans la chambre, un seul est occupé. Sur le lit, un guide de voyage français sur Florence est posé. « Ah ma coloc est française » me dis-je. Dès son arrivée, j'ai eu un énorme coup de cœur pour Laure. C'est l'une des plus belles rencontres que j'ai faites pendant ce voyage. Nous avions un parcours de vie très similaire et beaucoup de points communs. Il s'avère en plus qu'elle venait de Périgueux, une ville que je connais très bien puisque j'y ai fait une partie de mes études. Le lendemain, elle m'a donné ses meilleurs bons plans de la ville et nous avons passé la journée ensemble. Comme quoi le monde est petit et le voyage plein de belles surprises !

L'astuce - Comment rencontrer des gens quand on est un peu timide ?

1. Loger dans des auberges de jeunesse ou chez l'habitant : les liens se tissent rapidement et les discussions se font très naturellement.
2. Utiliser les transports en commun : on y fait très souvent des rencontres fortuites !
3. Contacter des voyageuses ou des locaux avant même d'être partie via des forums ou des applications (à retrouver dans la Toolbox) : par exemple, en envoyant un petit message sur un groupe Facebook dédié au voyage solo féminin : « Salut tout le monde, je pars dans 2 semaines au Costa Rica, y a-t-il parmi vous des voyageuses sur place à San José à ce moment-là ? »

Les « Free Walking Tour » offrent une très bonne occasion de découvrir une ville gratuitement par un.e local.e et de rencontrer des gens qui veulent eux aussi découvrir la ville.

Je vous recommande de chouettes outils dans la Toolbox pour vous aider à faire de belles rencontres : notamment des applications et des groupes Facebook.

LA BARRIÈRE DE LA LANGUE

« Practice makes perfect ! »

Au début du voyage, ce qui peut vous empêcher de rencontrer des gens, c'est la barrière de la langue. Mais vous verrez : avec le temps, ça viendra. D'autant plus que vous allez très souvent répéter le même discours à chaque nouvelle personne que vous rencontrerez. On vous posera généralement les mêmes questions, vous prendrez l'habitude d'y répondre très rapidement. Si l'anglais n'est vraiment pas votre truc, entraînez-vous à vous présenter chez vous avant votre départ. Pendant votre voyage, amusez-vous à noter les mots que vous ne connaissez pas dans votre téléphone et le soir, recherchez-les pour ne plus vous faire avoir. Après tout, « Practice makes perfect ! » ! Dans certains pays, l'anglais n'est pas toujours très bien parlé par les locaux. Dans ce cas-là, utilisez les gestes pour vous faire comprendre, c'est un langage universel.
Je vous donne quelques outils dans la Toolbox pour briser la barrière de la langue.

PRÉVOIR PLUS DE TEMPS SUR PLACE POUR FAIRE PLUS DE RENCONTRES ET ÊTRE FLEXIBLE

Pour moins ressentir la solitude, l'idéal est de rester plusieurs jours, voire plusieurs semaines, dans un lieu pour optimiser vos chances de rencontrer du monde. C'est assez drôle quand j'y pense, car j'ai exactement suivi la réflexion inverse pour mon voyage ! Je me disais que moins je restais longtemps dans un endroit, et moins j'avais de chance de m'ennuyer. Parce qu'en ayant toujours quelque chose à faire, il me serait impossible de me sentir seule. Et finalement, ça ne m'empêchait pas à certains moments de m'ennuyer ou de me sentir totalement seule.
Vous me direz : « Oui, mais si j'ai prévu de partir seulement quelques jours, est-ce que ça veut dire que je vais faire moins de rencontres et que je risque de m'ennuyer ? » Pas forcément. Mais il est vrai qu'en restant un peu plus longtemps sur place, vous optimisez vos chances de faire de belles rencontres et de tisser des relations plus durables.

LES INJONCTIONS DE NOTRE SOCIÉTÉ

Certaines injonctions véhiculées par notre société peuvent représenter un frein pour nous les femmes qui voyageons seules : « Tu voyages seule parce que tu es célibataire ? Tu n'as pas d'amis ? » Même si cela semble anodin, ces mots blessent, vous font douter de vous-même, vous font vous remettre en question. Pour encore beaucoup de personnes : voyager seule, c'est quelque chose d'étrange, réservé à celles et ceux qui ne sont pas dans le « système ». Je l'ai clairement ressenti même si on ne me le disait pas directement, on me l'a souvent dit à demi-mot au cours d'une conversation pendant mon voyage. Ne laissez personne vous éloigner de votre projet, même si vous vous sentez jugée.

LA PEUR DE S'ENNUYER

On ne va pas se mentir, des moments où vous risquez de vous ennuyer pendant votre voyage, il peut y en avoir. Sur la deuxième semaine que j'ai passée à Rome, certaines journées m'ont paru beaucoup plus longues que d'autres. Alors, je me suis mise à prendre de vrais temps de pause dans ma journée. Le matin, au lieu de foncer tout de suite sur ma première visite de la journée, je prenais le temps de prendre un bon petit-déjeuner et d'en profiter pour revoir ce que j'avais prévu de faire dans ma journée. Je me suis mise à écrire aussi. L'un des objectifs de mon voyage était de prendre du recul sur mes ambitions professionnelles. J'ai donc acheté un petit carnet dans une boutique et j'ai commencé à poser sur le papier ce que je ressentais par rapport à mon avenir professionnel. Sur le reste de mon voyage, ça m'a beaucoup aidée à me poser.

Un conseil : ne pas être toujours en visite, parce que cela peut être long et usant. Dans votre vie de tous les jours, est-ce que vous vous verriez passer des journées entières à enchaîner des visites de musées, des heures de marche dans la ville, de longues minutes passées sur votre GPS à rechercher votre huitième lieu de visite de la journée ? Probablement pas. Parce que c'est épuisant. Vous tiendrez peut-être quelques jours comme ça, mais clairement pas plusieurs semaines. Et pourtant, c'est ce qu'on a tendance à faire en voyage solo, pour éviter de s'ennuyer et fuir les moments de solitude.
N'oubliez pas de vous reposer, de vous asseoir dans un parc, de lire un bon livre, de vous poser à la terrasse d'un café. Embrassez ces moments de

solitude et vous verrez, vous vous y habituerez et y prendrez peut-être même goût.

PRÉVOIR UN PROJET

Une solution très efficace pour lutter contre l'ennui, c'est de prévoir en amont un projet à réaliser pendant votre voyage. Par exemple : tenir un journal, écrire ou lire un livre, réaliser un film sur sa destination, dessiner des paysages, enregistrer un podcast, s'entraîner à la photo, apprendre la cuisine du pays, etc. Il existe une multitude d'activités qui peuvent vous permettre de voyager autrement.

Dans quelques mois, je pars en solo à San Francisco. Depuis toujours, la danse me fascine et plus spécifiquement la danse urbaine. J'ai commencé à prendre des cours il y a quelques mois et je me suis dit qu'en étant aux États-Unis, c'était l'occasion rêvée pour me perfectionner et aller plus loin dans ma pratique. Mon objectif pendant ce voyage, c'est de m'inspirer du flow des danseurs et de m'en imprégner pour prendre confiance en moi et en mes mouvements. C'est un projet qui promet de ne pas m'ennuyer !

COMMENT GARDER CONTACT AVEC SES PROCHES ?

L'une des appréhensions que l'on peut avoir quand on part en voyage sur une longue période, c'est de tomber dans l'oubli. La solution, c'est de trouver le moyen de partager votre aventure avec vos proches, même à distance. Ça peut être un blog, votre compte Instagram, un groupe Whatsapp ou Messenger, etc.

Les avantages à tenir un journal de bord sont multiples :

- cela vous permet de garder contact avec vos proches et de partager votre voyage ;
- c'est une trace de votre voyage pour plus tard, à redécouvrir lors des dimanches après-midi pluvieux... ;
- cela vous donne des objectifs quotidiens, vous occupe l'esprit et vous permet de ne pas penser au fait que vous êtes seule.

L'hygiène et la santé

Pourquoi est-ce un sujet important ?

C'est un sujet qui nous préoccupe toutes à un moment donné dans la préparation de notre voyage: « Comment je vais gérer ma pilule avec le décalage horaire ? Je pars 6 mois, comment je fais mon stock de serviettes hygiéniques ? Si je tombe malade, comment je m'y prends ? Quels vaccins dois-je faire avant de partir ? »
Ce sont ces petites questions qui nous tracassent et qui, quand elles s'accumulent, peuvent rapidement nous faire flancher ! Quand on prépare son voyage solo, on a tellement de choses à penser que parfois on oublie certains préparatifs, pourtant élémentaires ! Ça tombe bien parce qu'ici on va reprendre les bases !

De quoi parle-t-on ?

Les problématiques liées à l'hygiène et à la santé sont nombreuses (encore plus pour nous, les femmes). Ces sujets tournent notamment autour :

- des menstruations ;
- de la contraception ;
- de la vaccination ;
- des maladies et des accidents ;
- et des traitements médicaux.

Nos amies les règles

Dans certains coins du monde, les menstruations sont un sujet tabou et parfois même stigmatisées par les populations. L'accès aux protections hygiéniques est très inégalitaire et selon votre pays de destination, cela peut vous impacter à votre échelle. Ne serait-ce que sur la facilité d'accès aux protections hygiéniques ou sur leur prix qui peuvent facilement monter en flèche. Alors comment gérer au mieux ses protections hygiéniques lorsqu'on est en voyage ?

LES OPTIONS QUI S'OFFRENT À NOUS

Quand on part 1 ou 2 mois, on peut assez facilement anticiper ce problème en préparant un stock de serviettes ou de tampons jetables (si on utilise ce type de protections). Mais quand on voyage plusieurs mois, la valise se remplit vite. Si on résume les options que l'on a à notre disposition, on retrouve :

- les serviettes et les tampons jetables : ils sont pratiques mais peuvent vite revenir cher ou même difficiles à trouver selon le pays où l'on va (sans parler de l'impact écologique et sanitaire) ;
- les serviettes et culottes lavables. Économiques certes, mais elles peuvent ne pas être compatibles avec votre mode de voyage. Par exemple, quand on est dans un hébergement collectif, ce n'est pas toujours évident de trouver un endroit pour faire sécher ses serviettes.
- La cup menstruelle. Pratique et économique, la cup est un bon compromis, mais tout le monde n'est pas à l'aise avec le concept.

TROUVER ET ADOPTER LA BONNE PROTECTION HYGIÉNIQUE POUR SON VOYAGE,

Grâce aux interviews des voyageuses et à la dizaine d'articles que j'ai pu lire sur le sujet, voici un combiné des avantages et des inconvénients de chaque protection hygiénique. Cela vous aidera peut-être à faire votre choix selon votre flux, votre usage, et bien sûr votre voyage.

	Les serviettes et tampons jetables	Les serviettes lavables et culottes menstruelles	La cup menstruelle
Prix (en France)	Compter environ 2 € minimum le paquet de 16 serviettes. Les prix sont très variables selon les pays.	Pour la serviette, le prix moyen est aux alentours de 15-20 €. Pour les culottes, on est plutôt sur du 30-40 €.	Entre 15 € et 30 €
Accessibilité	Les serviettes et tampons ne sont pas toujours distribués partout selon les pays où vous voyagez.	Le souci c'est que vous devez prévoir un stock en amont de votre voyage de manière à toujours avoir une serviette ou une culotte propre et sèche. Ce n'est donc pas toujours très pratique à gérer au quotidien.	Une fois que vous avez votre cup, vous êtes tranquille, pas de stock à gérer !
Praticité	Au-delà du fait qu'on doit toujours surveiller son stock, il faut aussi pouvoir jeter ses serviettes hygiéniques. On ne trouve pas toujours de petites poubelles à côté des toilettes, mais on peut toujours garder sa serviette quelque part dans son sac le temps de trouver une poubelle à disposition. Rien de très complexe donc.	Si vous voyagez en auberge de jeunesse, ce n'est pas l'option la plus pratique. Pensez au fait que vous allez devoir les laver à la main et les sécher sur place. Il faut aussi penser au lavage en machine à la fin de chaque cycle.	L'inconvénient de la cup, c'est qu'il faut la nettoyer et la stériliser dans de l'eau bouillante (qu'on n'a pas toujours à portée de main en voyage). Sachez qu'il existe aussi des gourdes dédiées au lavage des cups.
Écologie	Durée de vie : entre quelques heures et une journée (selon votre flux) Composants : des choses pas très sympathiques… Renseignez-vous au dos du produit.	Durée de vie : entre 3 et 5 ans selon le produit. Composants : généralement elles sont conçues en coton bio, en bambou ou en chanvre.	Durée de vie : 10 ans environ Composants : silicone ou latex.

Un dernier petit conseil : si vous décidez de changer votre protection hygiénique quotidienne pour une nouvelle qui sera spécifique à votre voyage, testez-la avant de partir. Histoire de vous y habituer et d'éviter les mauvaises surprises sur place.

Les joies de la contraception

La contraception peut être une véritable galère et une source de stress en voyage. Comment s'y prendre pour mieux la gérer ? Quels sont les moyens de contraception les plus pratiques lorsque l'on voyage sur une longue durée ? J'avais beaucoup de questions, mais peu de réponses. Alors j'ai demandé à Marine E., sage-femme au Centre départemental de planification et d'éducation familiale de Toulouse et à Noémie et Marine V., deux apprenties sages-femmes, de m'aider à y voir plus clair.

Avant toute chose, un petit rappel sur les différents moyens de contraception s'impose ! Dans la grande famille des moyens de contraception féminins, on retrouve :

- les pilules (il en existe deux types : œstroprogestatives et progestative) ;
- les stérilets et l'implant qui sont des moyens de contraception à longue durée ;
- l'anneau vaginal et les patchs transdermiques ;
- les injections de progestérone : elles se font tous les 3 mois mais sont peu répandues en France ;
- les méthodes naturelles, comme le retrait ;
- les diaphragmes, les spermicides et les préservatifs féminins.

Je vous partage mes échanges avec les filles sur le sujet.

LA PILULE

Est-ce que lorsqu'on prend la pilule, c'est possible d'obtenir un stock de plaquettes pour 1 an ?

« C'est possible. Nous, on peut le faire sur un an : pour les pilules progestatives, si la personne tolère bien sa contraception depuis plusieurs mois. Si on prend une pilule pour la première fois, c'est bien de consulter au bout de 3 mois pour vérifier sa tolérance avant de se la faire prescrire pour un an. Pour les pilules œstroprogestatives, c'est un peu plus compliqué car

elles augmentent un peu plus le risque thromboembolique (au niveau des phlébites et des AVC). Donc on demande aux femmes de faire une prise de sang à jeun au début de la prise de la pilule pour vérifier qu'elle est bien tolérée biologiquement en plus de cliniquement.
Par contre, je ne suis pas sûre que de partir avec 12 boîtes de pilules dans la valise, cela soit possible. En France c'est possible que la pharmacie vous délivre les boîtes de pilule pour 1 an en une seule fois. Après, pour se faire délivrer la pilule à l'étranger cela dépend vraiment du pays où vous êtes. En Europe, je pense qu'il ne devrait pas trop y avoir de problème. Mais hors Europe, ça reste à voir. »

Et est-ce que si on se procure une pilule à l'étranger elle aura le même effet que celle qu'on achète en France ?

« Oui, ce sont les mêmes médicaments. Par contre, ce ne sont pas les mêmes noms de pilules ni les mêmes prix. À l'étranger, vous ne trouverez pas forcément tous les types de pilules qu'on peut avoir en France. »

Est-ce que si l'on souhaite prendre sa pilule en continu (pour ne pas avoir ses règles), c'est dangereux ?

« Ce n'est pas fait pour, mais ce n'est pas du tout dangereux. Si vous avez une pilule œstroprogestative (c'est-à-dire que vous avez 1 semaine d'arrêt entre les cycles), vous pouvez la prendre 3 mois d'affilée sans arrêt, ce n'est pas dangereux pour le corps. Il faut juste savoir que cela peut provoquer quelques saignements noirs de temps en temps qui ne sont pas dangereux. Cependant, si vous souhaitez prendre la pilule en continu, il vaut peut-être mieux passer par une pilule progestative où il n'y a pas de semaine d'arrêt ce qui vous permet de ne pas voir de règles. »

Est-ce que vous pensez que la pilule est un moyen de contraception pratique pour le voyage ?

« Il est peut-être judicieux de réfléchir à un autre moyen d'un point de vue pratique (délivrance, prix, décalage horaire, etc.). Mais, si la pilule est une contraception qui vous convient et que vous l'envisagez sans souci à l'étranger, alors ne changez rien ! Dans le cas où la pilule permet de traiter une pathologie particulière chez la femme, comme des règles douloureuses ou de l'acné par exemple, conservez-là. Dans les autres cas, il y a toujours des alternatives à la pilule. Donc je pense que partir sur des contraceptifs longue durée tels que le stérilet ou l'implant, lorsque c'est souhaité (et possible), peut être une bonne option sur un long séjour. Ou alors, partir sur des contraceptifs de type préservatifs (masculin ou féminin) et le diaphragme. »

Comment gérer sa pilule avec le décalage horaire ?

« Il y a deux options :

- Option 1 : vous partez avec un gros décalage horaire (par exemple à Tahiti ou en Nouvelle-Zélande). Dans ce cas, l'idéal est de commencer à décaler son horaire de pilule petit à petit avant de partir. Par exemple, si vous prenez votre pilule tous les soirs à 20 heures et que vous allez dans un pays où il y a 6 heures de décalage horaire en plus. Dans ce cas-là, commencez à prendre votre pilule en France 6 heures avant votre heure habituelle, c'est-à-dire à 14 heures. De cette façon, quand vous serez sur place, vous pourrez reprendre votre heure habituelle de 20 heures.
- Option 2 : votre décalage horaire est de moins de 12 heures. Gardez la même heure de prise de pilule si votre décalage horaire est très court. Il y a une latitude de 12 heures de prise dans laquelle on est protégée. Si vous respectez ce délai, vous n'avez aucun risque. »

L'astuce - 2 autres petites astuces pour gérer au mieux sa pilule en voyage

1. Prenez votre ordonnance avec vous. Comme tous les médicaments que vous transportez en bagage, vous devez avoir un document qui vous permet d'attester que l'on vous prescrit cette pilule.
2. Pensez à la pilule du lendemain. Au cas où, pensez à prendre une pilule du lendemain chez votre pharmacien avant de partir. Ça ne vous coûtera pas un sou et il vaut mieux prévenir que guérir. Dans certains pays, la pilule du lendemain n'existe pas ou est très chère et pas sûre que vous pourrez vous la faire rembourser à tous les coups !

L'IMPLANT

Qu'est-ce que l'implant et comment ça fonctionne ?

« L'implant est un bâtonnet en plastique qui relargue de la progestérone en permanence pendant 3 ans (2 ans si on est en surpoids ou en obésité). Il se place au niveau du bras sous la peau, c'est très discret. L'indice de Pearl (qui définit l'efficacité des moyens contraceptifs) est extrêmement bon, il y a donc très peu de risques de grossesse. L'effet de la progestérone va mettre au repos tout le cycle de la femme. C'est-à-dire que la progestérone va "mimer une grossesse" dans le but que la femme n'ovule pas. Elle va aussi arrêter le cycle de l'endomètre, ce qui fait que les règles ne sont pas censées venir. Cependant, aujourd'hui, on est incapable de savoir si une femme peut avoir ou non ses règles avec un implant. »

« On sait que 30 % des femmes n'ont plus leurs règles, 30 % ont des règles mais de manière irrégulière et enfin 40 % ont ce qu'on appelle des spotting qui sont des saignements noirs de temps en temps. Donc pour le voyage, cela peut être un très bon moyen contraceptif. La seule chose qu'il faut retenir, c'est qu'il ne faut pas le mettre juste avant de partir en voyage. Car si on ne le tolère pas, il faudra se le faire retirer pendant le voyage. Sachant qu'on ne sait pas si tous les pays proposent de retirer l'implant. »

LE STÉRILET

Qu'est-ce que le stérilet et comment ça fonctionne ?

Le dispositif intra-utérin (DIU) plus communément appelé « stérilet » est « un dispositif contraceptif le plus souvent en forme de « T » qui mesure environ 3 cm de long. Le médecin ou la sage-femme l'insère dans l'utérus. Le DIU se termine par un fil qui est coupé très court par le médecin ou la sage-femme au moment de la pose. Il est assez long pour permettre au médecin ou à la sage-femme de retirer le DIU avec une petite pince. Ce morceau ne gêne pas le partenaire pendant les rapports sexuels[2]. Il existe 2 types de DIU :

- **en cuivre,** « Il est en plastique avec un ou plusieurs manchons de cuivre. Le DIU en cuivre existe en deux tailles : "short" (court) et "standard". Il y en a donc pour toutes les tailles d'utérus » ;
- hormonal, il contient une hormone progestative qu'il va délivrer en petite quantité.

2. Source : questionsexualite.fr.

Marine m'explique : « Il y a beaucoup d'idées reçues sur le stérilet qui sont très négatives. La plupart du temps, les femmes pensent que le stérilet se pose dans le vagin, ce qui n'est pas vrai, il se pose dans l'utérus. [...] On donne des antidouleurs avant la pose du stérilet, on peut également utiliser des méthodes douces comme l'utilisation de l'huile de sauge pour se masser le ventre ou éviter les spasmes du col. On fait plein de choses pour que cela soit le moins douloureux possible et ça se passe souvent très très bien. »

COMMENT CHOISIR SON MOYEN CONTRACEPTIF QUAND ON PART EN VOYAGE ?

Auprès de qui peut-on se renseigner pour savoir quel mode contraceptif est fait pour nous ?

« Il existe encore en France une norme contraceptive qui perdure. On a ses premiers rapports sexuels avec des préservatifs masculins (les féminins, on ne les utilise pas du tout), puis on prend la pilule et, une fois qu'on a des enfants, on met un stérilet. Cette norme est encore énormément présente, mais elle est en train d'être bouleversée petit à petit. Á chaque femme sa contraception. L'idéal, c'est de consulter un médecin généraliste qui fait de la gynécologie, une sage-femme, un gynécologue ou un centre de santé (comme le centre de planification familial par exemple). »

Selon vous, combien de temps à l'avance doit-on s'y prendre pour modifier son moyen de contraception avant de partir en voyage ?

« Je conseillerais à une femme qui part en voyage et qui veut changer son moyen contraceptif de s'y prendre au moins 6 mois à l'avance. Par exemple avec le cas du stérilet, une fois qu'il a été posé, il faut prévoir environ 3 mois pour juger si oui ou non, le corps le tolère bien. Si jamais on ne tolère finalement pas le stérilet, il faut aussi penser à son retrait et à la mise en place d'un nouveau moyen de contraception qui devra de nouveau être testé sur plusieurs mois. »

Le schéma à suivre lorsque l'on change de contraception :

- je prends rendez-vous avec un spécialiste pour en parler ;
- je prends le temps d'y réfléchir et je prends ma décision ;
- je reviens chez mon médecin pour lui faire part de ma décision ;

- je fais les examens nécessaires en fonction de la contraception dont j'ai besoin ;
- je reviens chez le médecin pour me la faire prescrire ;
- je la teste entre 2 et 3 mois ;
- je vois si cela me convient ;
- je décide si je garde ce moyen contraceptif ou pas.

Pour plus d'infos sur les différents moyens de contraception, prenez rendez-vous auprès de votre gynécologue, sage-femme ou dans un centre de planification familial.

L'astuce - Les conseils de Marine pour choisir sa contraception en voyage :

1. « La meilleure contraception pour voyager, c'est celle que tu choisis en ayant eu des informations complètes et exhaustives sur toutes les contraceptions. »
2. « La contraception est une responsabilité partagée pendant un rapport à 50-50. Ce n'est pas parce que vous prenez une contraception que le partenaire n'a pas sa responsabilité contraceptive. Chacun est responsable de ses gamètes ! »
3. « De plus, seul le préservatif (masculin ET féminin) protège des maladies et infections sexuellement transmissibles, il ne faut pas oublier de protéger son/sa partenaire et soi-même ».
4. « Les contraceptions sont d'accès libre et gratuites jusqu'à 25 ans en France pour toutes celles déjà remboursées. Vous pouvez, avec une ordonnance, aller chercher des préservatifs gratuitement en pharmacie pendant 1 an. »

Se faire vacciner

COMMENT SAVOIR QUEL VACCIN FAIRE POUR SON VOYAGE ?

La procédure à suivre à ce sujet est très simple. Vous devez prendre au plus tôt un rendez-vous avec votre médecin traitant ou un centre de vaccination spécialisé (comme l'Institut Pasteur ou un Centre de vaccination international dans un hôpital public) pour que l'on puisse vous orienter sur les vaccins à réaliser avant votre départ. Votre médecin vous recommandera quel vaccin faire avant de partir selon la situation sanitaire du pays de destination, des conditions de voyage et de la durée de votre séjour.
Pour faire votre vaccin, deux possibilités s'offrent à vous :

- passer par votre médecin traitant en achetant le vaccin en pharmacie ;
- passer par un centre de vaccination (vous n'aurez pas besoin d'acheter le vaccin en pharmacie).

Si vous souhaitez passer par votre médecin traitant, l'idéal est de prendre rendez-vous au plus tôt car vous devrez commander votre vaccin en pharmacie (la livraison est souvent rapide, de 3 à 7 jours). Sachant que vous devrez reprendre rendez-vous avec votre médecin traitant pour faire l'injection. Si vous optez pour un rendez-vous auprès d'un centre spécialisé, le délai d'attente peut être plus ou moins long (parfois plusieurs mois d'attente avant d'avoir un rendez-vous selon le centre). Pensez également que selon le vaccin, la première dose doit être réalisée un certain nombre de jours avant le départ. Parfois plusieurs doses peuvent être recommandées.
Pour vous aiguiller sur le sujet, je vous recommande de jeter un œil au site de l'institut Pasteur qui propose une carte des vaccins recommandés aux voyageurs par pays de destination. Cela peut déjà vous donner une petite idée.

COMBIEN COÛTENT LES VACCINS ?

Tous les vaccins qui ne sont pas « obligatoires » et qui sont donc considérés comme étant de « confort », c'est-à-dire qui sont généralement réservés aux voyageurs (comme l'encéphalite japonaise, la fièvre typhoïde ou la fièvre jaune par exemple) ne sont pas remboursés par la Sécurité sociale. Ils peuvent représenter une dépense non négligeable dans votre

budget. Certains peuvent être en partie remboursés par votre mutuelle ou votre assurance voyage.
À noter qu'une consultation chez votre médecin traitant vous sera remboursée, il ne restera à votre charge, que le coût du vaccin. À l'institut Pasteur, une visite pour un bilan vaccinal et des conseils coûte environ 15 € et n'est pas facturé si vous vous faites vacciner sur place.
Le coût de la vaccination varie selon l'endroit où vous décidez de vous faire vacciner : en passant par votre médecin traitant ou par un centre spécialisé. Ci-dessous[3] un aperçu des prix des vaccins (pour 1 dose) dans un institut Pasteur (généralement plus chers d'une bonne dizaine d'euros par rapport à une pharmacie ou dans un CVI) :

Les vaccins (tarif pour une injection)	Prix en euros (€)
Fièvre jaune *(Stamaril monodose)*	77
Diphtérie, tétanos, poliomyélite *(Revaxis)*	20
Diphtérie, tétanos, poliomyélite, coqueluche *(Repevax / Boostrix, Tétravac Acellulaire)*	42
Poliomyélite *(Imovax Polio)*	15
Hépatite A - Adulte *(Avaxim 160 / Havrix 1440 / Vaqta 50)*	50
Hépatite A - Enfant *(Avaxim 80 / Havrix 720)*	45
Hépatite B *(Engerix B)*	35
Hépatites A + B *(Twinrix)*	70
Typhoïde *(Tiphérix / Typhim)*	58
Rage *(Rabique Pasteur / Rabipur)*	64
Méningococcique A + C + Y + W 135 conjugué *(Nimenrix / Menveo)*	56
Encéphalite japonaise *(Ixiaro)*	105
Encéphalite à tiques *(Ticovac / Encepur)*	60
Leptospirose *(Spitolept)*	157
Grippe *(Vaxigrip tetra ou équivalent)*	20
Rougeole, oreillons, rubéole *(Priorix / M-M-RVaxpro)*	30
test tuberculinique *(Tubertest)*	15

3. Source : https://www.pasteur.fr/fr/centre-medical/preparer-son-voyage.

Gérer et prévenir les problèmes de santé

PRÉVENIR LES RISQUES SANITAIRES

Tomber malade en voyage, c'est très pénible et ça n'arrive pas qu'aux autres. Jenny en a fait la mauvaise expérience : « À trois reprises pendant mes voyages, j'ai été malade. Pour être honnête, c'est difficile à vivre. »

L'astuce - Les conseils pour mieux gérer les maladies en voyage

1. Prévoyez une trousse de secours et une pochette à médicaments avant de partir (attention, gardez vos ordonnances pour les douanes). Pensez notamment au Smecta, au Doliprane et au Spasfon.
2. Évitez de boire l'eau du robinet, de consommer des glaçons ou de manger des glaces pour éviter la gastro-entérite. Il y a plein de souvenirs de voyage que vous aurez envie de ramener avec vous sauf celui-ci !
3. Si vous constatez que les symptômes persistent au bout de quelques jours, n'attendez pas pour consulter un médecin sur place.

« À trois reprises pendant mes voyages, j'ai été malade. Pour être honnête, c'est difficile à vivre. »

Se soigner avec ses propres médicaments, c'est un bon début, mais ce n'est pas toujours suffisant pour guérir. Jenny m'explique lors de son interview : « C'est important de s'assurer et aussi d'aller chez le médecin sur place. Parce qu'un rhume en Asie va être différent de celui que tu vas attraper en France, et demande un traitement spécifique. Donc, c'est mieux d'aller chez le médecin plutôt que de s'automédicamenter parce que les médicaments seront bien plus efficaces et adaptés. »

Vous l'aurez donc compris, emporter avec soi quelques médicaments est primordial pour se soigner les premiers jours d'arrivée des symptômes et patienter le temps de voir un médecin local. Mais si les symptômes persistent, ne perdez pas de temps et prenez un rendez-vous sur place dès que possible pour que l'on puisse vous prescrire un traitement adapté.

S'ASSURER

Encore aujourd'hui, souscrire à une assurance voyage n'est pas ancré dans les habitudes des voyageurs. On pense à réserver ses hébergements, à organiser son itinéraire, à gérer ses vols, mais peu d'entre nous ont le réflexe de souscrire à une assurance voyage et même à lui faire une petite place dans son budget. Pourtant, c'est peut-être l'un des éléments les plus importants à prendre en compte lors de l'organisation de votre voyage.

Pour Jenny qui est une grande voyageuse, il n'y a aucun doute : « Je dis toujours qu'il faut partir avec une assurance, peu importe où on va. Que tu partes en Europe ou pas, que tu aies une carte européenne d'assurance maladie ou pas. Parce que, avec cette carte, les remboursements se basent sur la Sécurité sociale en France, il suffit que tu ailles en Norvège et que tu te casses un bras, le tarif ne va pas être le même qu'en France. Donc forcément, tu vas perdre de l'argent à un moment donné. »

L'assurance qui m'a été la plus recommandée, c'est Chapka (je précise que je ne suis pas rémunérée pour parler de cette assurance). L'avantage de cette assurance, c'est qu'il est très simple d'y souscrire et qu'elle propose une large gamme de contrats : pour les vacances et courts séjours, pour les PVT, pour les tours du monde, etc. Très prochainement, Chapka proposera également des services de téléconsultations (pratique quand on veut échanger avec un médecin qui parle français).

J'ai voulu en savoir plus sur le fonctionnement des assurances voyage et sur l'intérêt d'y souscrire, et j'ai donc contacté Suzanna, commerciale chez Chapka, pour qu'elle puisse apporter quelques éléments de réponse.

En cette période de pandémie, pourquoi est-il important de souscrire à une assurance ?

« Il y a une cinquantaine de pays qui exigent aujourd'hui une attestation d'assurance covid. Ces pays ne veulent pas accueillir de personnes qui ne peuvent pas payer les soins. Cette attestation permet d'assurer que vous serez pris en charge par votre assurance en cas de frais médicaux ou de rapatriement. » S'assurer en voyage peut donc être parfois obligatoire selon votre pays de destination et son contexte sanitaire.

Pourquoi souscrire à une assurance voyage alors que certaines cartes bleues proposent des assurances ?

« Ce n'est pas parce que vous payez votre voyage avec votre carte bleue et que votre carte bleue propose des assurances, que vous êtes forcément couverte. Ces assurances proposent très souvent des remboursements assez faibles et ne vous couvrent que partiellement. » Vérifiez donc toujours auprès de votre banque quelles garanties vous sont proposées avant de partir.

Combien coûte une assurance voyage ?

J'ai fait le test ! Sur un voyage de 2 mois (en Europe et hors Europe) pour une assistance 24h/24h qui propose des garanties sur la covid-19, une option annulation et une prise en charge des frais médicaux élevée, le devis est estimé à 132 €. Souscrire à une assurance voyage c'est la garantie :

- d'être couvert financièrement en cas de sinistre. Il peut vous arriver n'importe quoi en voyage, que vous soyez en Europe ou à l'autre bout du monde. Vous n'êtes jamais à l'abri qu'il vous arrive une mésaventure ;
- d'être accompagné, épaulé et conseillé par votre assurance dans les moments difficiles. C'est d'autant plus important quand on voyage seule et qu'on ne peut se reposer sur personne.

GÉRER SES TRAITEMENTS MÉDICAUX

« Ce n'est pas impossible de voyager quand on est malade et qu'on a un traitement médical lourd à suivre, mais cela peut être contraignant. » Fanny a une maladie inflammatoire, elle doit recevoir une injection très régulièrement : « Je ne peux pas commander ce médicament à l'avance parce qu'il coûte 900 € et en plus il se conserve au froid. Ça demande beaucoup d'organisation et ça pose beaucoup de contraintes. » Lorsque l'on doit gérer un traitement médical en voyage, tout un tas de questions se posent et les réponses varient bien évidemment selon le traitement que vous suivez.

Pour vous aider, je vous recommande vivement d'aller jeter un œil au site d'Ameli qui apporte beaucoup d'éléments de réponses notamment aux questions suivantes :

- Comment s'organiser pour avoir suffisamment de médicaments pour toute la durée du voyage ?
- Comment adapter son traitement au décalage horaire ?
- Comment transporter ses médicaments en toute légalité et sécurité ?
- Comment conserver et utiliser ses médicaments par forte chaleur et en cas de grand froid ?
- Comment obtenir son traitement pour un séjour à l'étranger supérieur à 1 mois et inférieur à 6 mois ?

Bien sûr, n'hésitez pas à en parler à votre médecin traitant qui sera le mieux placé pour répondre à vos interrogations.

Partie 3

Témoignages

Recueil de témoignages de femmes qui ont exploré le monde seules à leur façon.

Il m'a été très difficile de sélectionner les interviews qui allaient figurer dans le livre. Sur les 16 témoignages qui ont été réalisés, j'ai choisi de vous en présenter 10. Je vous laisse les découvrir.

Léopoldine

> **« On dit beaucoup que le voyage en solo c'est quelque chose qui nous révèle complètement. Personnellement ça m'a apporté des choses, mais cela ne m'a pas non plus transcendée. Je suis très fière de l'avoir fait, mais je n'ai pas eu d'énorme révélation. »**

Léopoldine est une jeune Rochelaise de 26 ans. En 2021, elle a parcouru la France à vélo (soit une distance de 3 520 km) avec un vélo qu'elle a assemblé elle-même. Son objectif : sensibiliser au slow tourisme et visiter des tiers-lieux alternatifs.
Retrouvez Léopoldine sur Instagram @velopoldine

Pourquoi as-tu choisi de voyager seule ?

« Je l'ai vraiment fait par choix. Je trouve que lorsqu'on voyage à deux parfois, on peut se plier à la volonté de l'autre. Du coup on fait moins les choses de manière autonome et spontanée. Et moi, je ne voulais vraiment pas cette barrière-là. Je voulais aussi faire mon voyage comme je le voulais. C'était mon rêve, mon projet et je voulais le faire toute seule. »

Comment as-tu vécu la solitude dans ton voyage ?

« On dit beaucoup que le voyage en solo c'est quelque chose qui nous révèle complètement. Personnellement, ça m'a apporté des choses mais cela ne m'a pas non plus transcendée. Je suis très fière de l'avoir fait, mais je n'ai pas eu d'énorme révélation. Il y a eu plusieurs parties distinctes dans

mon voyage. Au départ entre mai et juin, je n'ai pas du tout souffert de la solitude, au contraire, j'ai fait plein de belles rencontres. Je prenais le temps d'aller discuter avec les gens. La deuxième partie du voyage entre juillet et août, c'était un peu moins évident parce que j'étais beaucoup plus fatiguée et donc j'avais besoin de me retrouver un peu seule.
Et puis sur la dernière partie du voyage, j'ai de nouveau rencontré du monde. On est même rentrés à trois à La Rochelle.
De manière générale, je n'ai pas souffert de la solitude. J'ai un peu souffert de l'éloignement de ma famille, mais ce n'était pas douloureux. Parce que, du fait d'être une fille seule en France qui voyage à vélo, les gens venaient naturellement à moi. Il n'y a pas eu un seul jour où je n'ai pas parlé à quelqu'un. »

Penses-tu que tu pourrais de nouveau voyager seule ?

« Carrément ! Peut-être pour des durées un peu plus courtes. Mais oui, c'est sûr, je repartirai seule. »

Est-ce que tu penses que le voyage en solitaire est fait pour tout le monde ?

« Je pense que oui. Parce qu'il existe autant d'expériences de voyage en solo que de personnes. Parce que le voyage en solo, ce n'est pas forcément partir à l'autre bout du monde pendant 6 mois. Ça peut aussi être un week-end à côté de chez soi. Il faut simplement savoir que l'on va sûrement affronter cette solitude. Parce que moi quand je suis partie je me disais "C'est sûr qu'à un moment donné, je vais souffrir de la solitude." Ce n'est pas arrivé, peut-être que je m'y étais trop préparée. Je pense qu'à partir du moment où on sait que cela peut arriver, cela peut avoir une tournure bénéfique. Il existe tellement de formes de voyages possibles que je pense que chacun peut trouver son propre voyage solo. »

Quelles sont tes astuces pour aller à la rencontre des gens ?

« De la spontanéité, du sourire et un peu d'humour (j'aime bien faire des blagues pour briser la glace), des fois, ça ne marche pas, et parfois, oui. Pourtant je suis plutôt de nature assez timide, je n'aime pas trop lancer la conversation et faire le premier pas. Mais quand je ne connais pas les gens et que je suis toute seule, j'arrive à aller vers eux et à amorcer la conversation par une petite blague. Ça se fait vraiment tout seul, les gens sont curieux et viennent poser des questions assez naturellement. »

Est-ce que tu appréhendais de voyager seule en tant que femme ?

« Honnêtement, je ne me suis même pas posé la question. Pas plus que si j'allais me promener dans la rue. Ça ne m'a pas freinée du tout. Il a beaucoup fallu que je rassure ma famille, ce sont eux qui s'en inquiétaient beaucoup. Je me suis même dit que c'était un atout, par exemple, pour dormir chez l'habitant. Je pense que généralement les gens préfèrent héberger des femmes que des hommes. »

As-tu parfois ressenti de l'insécurité ?

« Il y a eu des moments où je me suis sentie en insécurité, oui. Rien de dramatique, j'étais en France, j'étais prête, sereine et sûre de moi. J'aurais eu beaucoup plus peur si j'avais été à l'étranger. À vrai dire, je me suis un peu interdit d'aller à l'étranger, justement parce que je ne me sentais pas encore prête.

Le premier gros moment d'insécurité que j'ai ressenti, c'était le troisième jour. Il y avait un vieux monsieur avec qui j'ai discuté un moment. On s'est mis à une terrasse, on a bu un café, il était très gentil. Mais c'était la première personne à m'avoir abordée, alors je restais méfiante, je n'avais pas encore l'habitude. À un moment donné, il me propose de m'héberger, car je lui avais dit que je n'avais pas de camping pour le moment. Et là, j'ai un peu hésité. Je n'avais pas envie de le vexer en lui disant non. Finalement, au fil de la discussion, j'ai fini par dire oui. J'ai commencé à me poser plein de questions. Du coup, j'ai envoyé son nom, prénom et adresse à ma maman par SMS au cas où. Finalement, il n'y a eu aucun souci, tout s'est très bien passé. C'était juste un adorable petit papi qui souffrait de la solitude parce qu'il était veuf, que ses enfants travaillaient et ne venaient pas souvent le voir. Il m'avait même acheté du jus d'orange et de la confiture le matin avant de partir.

À partir de là, ça m'a débloqué quelque chose. Se méfier c'est bien, mais il ne faut pas non plus se gâcher la vie. »

Dans un tel voyage, comment est-ce que tu t'organisais pour les hébergements ?

« J'avais déjà testé le camping sauvage avant de partir et finalement ça ne m'avait pas plu. Je ne pouvais pas fermer l'œil de la nuit, stressée au moindre bruit. Donc je savais déjà que le camping sauvage, ce n'était pas pour moi. Au début du voyage, je savais 1 semaine à l'avance où j'allais dormir. Mais petit à petit, j'ai laissé place à l'imprévu. Je savais qu'à 19 heures, il fallait que je sache où j'allais dormir. Toutes les semaines, je me posais pour faire le point sur les lieux où je pourrais dormir dans les 3 ou 4 prochains jours. Je passais par des applications de couchsurfing comme « La Voyageuse » ou « WarmShowers » pour dormir chez l'habitant, et j'envoyais des messages à plusieurs couchsurfers 3 jours avant pour leur demander si je pouvais dormir chez eux. Je prenais aussi le temps de regarder les coins où j'allais, pour voir s'il y avait des campings aux alentours et si on pouvait trouver des hébergements assez facilement. Par exemple, au mois d'août en pleine saison en Vendée, j'étais obligée d'appeler les campings un peu avant pour être sûre d'avoir de la place. »

Quels conseils donnerais-tu à une future voyageuse solo ?

« J'ai rencontré beaucoup de gens qui me disaient qu'organiser trop à l'avance son voyage, ce n'était pas une bonne chose. Au contraire, je pense que cela peut être une très bonne chose si cela peut rassurer la voyageuse. Il n'y a pas une seule bonne façon de voyager, chacun peut trouver midi à sa porte et s'organiser comme il en a envie. Ensuite je dirais, qu'il ne faut pas trop écouter les autres. Il faut surtout s'écouter soi et faire comme bon vous semble. Le voyage, on le fait pour soi, c'est bien d'entendre ce que les autres ont à nous dire, mais c'est ce que l'on ressent à l'intérieur qu'il faut écouter quoi qu'en disent les gens.

Je dirais aussi qu'il faut faire les choses à son rythme. Le premier jour de mon voyage, j'étais toute contente de voir que j'avais réalisé ma première étape à vélo. Et quand j'ai regardé la carte de la France et que j'ai vu tout ce qu'il me restait à parcourir, j'ai eu peur et j'ai même commencé à douter de ce que j'étais en train de faire. Il faut faire les choses petit à petit, c'est beaucoup mieux que de vouloir tout faire d'un coup. Par exemple, en commençant par partir seule pendant un week-end avant de partir plusieurs mois à l'autre bout du monde en solo.

Enfin, la dernière chose que je me suis beaucoup dite sur la route c'est :

"On attire ce qu'on est." Si tu es quelqu'un de gentil et de sincère, tu attireras les gens comme toi. Restez comme vous êtes et de superbes choses peuvent vous arriver. Cela n'arrive pas qu'aux autres les belles rencontres. »

Cathy

« Une fois, je n'étais pas sortie de la journée parce que j'avais le blues, je n'avais qu'une envie, c'était de pleurer. Mais ça ne m'a pas ruiné mon voyage, au contraire je pense qu'il faut accepter aussi que ça puisse être ça. »

Cathy est une Lyonnaise pétillante de vie ! Elle a commencé à voyager dès son plus jeune âge avec ses parents en Europe. Passionnée de plongée, elle a très vite voulu allier cette passion avec le voyage. À 30 ans, elle fait le tour du monde pendant 7 mois avec son mari. Quatre ans après sa séparation, elle décide de se lancer de nouveau dans un voyage de quelques mois, mais cette fois-ci en solo.

Pourquoi as-tu décidé de voyager seule ?

« D'abord, parce que je voulais me prouver à moi-même que je pouvais y arriver toute seule. Je pense que cela faisait partie de ma reconstruction, en fait. Ça m'a permis de me prouver que je pouvais faire ça sans personne. Et puis, c'est aussi tombé au moment où j'avais envie de me retrouver. Pour moi, c'était un moment pour faire le point, pour passer à autre chose, comme une sorte de transition. Et c'est comme ça que je suis partie 4 mois en Asie toute seule. »

Pourquoi avoir choisi cette destination plutôt qu'une autre ?

« J'avais envie d'aller en Asie, parce que j'y étais déjà allée et j'avais beaucoup aimé. Mais aussi parce qu'en termes de budget, c'était intéressant. Plus tu vas dans un pays pas cher, plus longtemps tu peux y rester. Mon premier critère, c'était celui-là. Après, j'aurais aimé aller en Birmanie. Mais je me suis vite rendu compte, en me renseignant sur des guides comme le *Lonely Planet* et sur des blogs, que c'était un pays qui n'était pas trop recommandé pour les femmes. Je ne voulais pas aller dans un pays où la condition de la femme était bafouée, parce que je ne me serais pas reconnue là-dedans. »

Est-ce que tu as ressenti une quelconque pression sociale, de la part de tes proches qui auraient pu te freiner dans ton envie de voyager seule ?

« Oui, j'en ai eu. De la part de mes amies entre autres, mais ça ne m'a pas freinée. Ça m'a même plutôt amusée. On se rend compte autour de soi que beaucoup ne se lanceraient pas dans un grand voyage en solo (et même à deux). Du côté de ma famille, j'en ai eu un peu aussi, notamment par ma mère qui était un peu inquiète. Mais c'est normal, c'est une maman. Par contre, je comprends que cela puisse être un frein pour une femme qui voudrait voyager seule. »

Est-ce que tu appréhendais la solitude ?

« Non, ce n'est pas un truc qui me faisait peur. Quand je suis partie, j'ai des copines qui m'ont dit que j'étais folle parce que ça pouvait être dangereux. Alors que pas du tout. À aucun moment, je ne me suis dit que j'allais avoir peur d'être seule. J'appréhendais d'être seule par moments, mais là c'était plus par rapport à mon état émotionnel. Autant je n'avais pas peur de voyager seule, autant j'avais peur de la solitude par moments. Pendant 4 mois, est-ce que ça allait m'aller ? J'avais prévu qu'on me rejoigne à un moment dans mon voyage. Les deux premiers mois j'étais vraiment seule, et puis j'ai eu deux périodes de quinze jours où on m'a rejointe. »

Comment est-ce que tu faisais pour faire des rencontres sur place ?

« Quand tu voyages loin, tu peux complètement rencontrer personne si tu veux. Par contre, si tu veux rencontrer du monde, c'est super facile. Parce

qu'il y a plein de backpackers qui voyagent comme toi. Tous les gens que j'ai croisés sur ma route, ce sont des personnes que j'ai rencontrées dans un logement. Parce qu'il y a plein d'espaces communs, donc c'est très facile d'aborder les gens et de commencer à raconter sa vie. Il y a des périodes où je me suis un peu retranchée, parce que j'avais besoin d'être vraiment seule. En tout cas, je me suis rendu compte que j'avais rencontré beaucoup plus de monde en étant seule qu'en étant en couple. Souvent parce que les gens ont moins tendance à venir vers toi, parce que tu es déjà avec quelqu'un, donc ils osent moins, ils ont peur de déranger.
Après j'ai eu des coups de mou. Une fois, je n'étais pas sortie de la journée parce que j'avais le blues, je n'avais qu'une envie, c'était de pleurer. Mais ça ne m'a pas ruiné mon voyage, au contraire, je pense qu'il faut accepter aussi que ça puisse être ça. »

Est-ce que tu penses que le voyage en solitaire est fait pour tout le monde ?

« Si tu te poses la question, c'est que quelque part tu en as envie. Donc il faut arriver à dépasser cette appréhension et, oui, je pense que ça peut être pour tout le monde. »

Est-ce que tu avais peur de te sentir en insécurité du fait d'être une femme qui voyage seule ?

« J'avais quelques appréhensions par rapport au harcèlement du fait d'être une touriste. Lors de mon premier voyage avec mon ex-compagnon, nous avions assez mal vécu le fait d'être constamment sollicités à la sortie du bus quand 20 personnes voulaient que l'on prenne leur taxi. J'avais peur de moins bien le gérer en étant toute seule, mais finalement je m'en suis sortie et j'ai pris l'habitude avec le temps. »

Est-ce que tu recommanderais l'Asie comme première destination à une femme qui n'a encore jamais voyagé seule ?

« Ah oui, complètement ! Il y a des pays qui sont vraiment faciles pour voyager seule, la Thaïlande ou Bali par exemple. »

Comment faisais-tu pour garder contact avec tes proches à l'époque ?

« J'avais un blog de voyage et je passais pas mal de temps dans les cyber-cafés pour donner des nouvelles et pour compléter mon blog. C'était trop sympa de voir toutes les réactions, ça m'avait beaucoup apporté. Ce qui est chouette aujourd'hui, c'est qu'on peut garder le lien avec ses proches tout en étant loin. Des fois, on a besoin de ce contact-là et c'est rassurant de se dire qu'on peut se faire un Facetime avec les personnes qu'on aime. »

À ton avis, qu'est-ce que tu dirais à la Cathy d'avant, celle qui réalisait son tout premier voyage en solo ?

« Je pense que je lui dirais de ne pas trop se prendre la tête et que ça va être cool ! »

Jenny

« Voyager, c'est la liberté d'être soi-même. »

Depuis 10 ans, Jenny sillonne le monde avec son sac à dos en solo. Dès son premier voyage en Australie, elle crée un blog ou elle partage ses expériences de voyageuse. Depuis plusieurs années, elle est engagée auprès des voyageuses solo et est devenue une référence dans ce domaine. Son site « jdroadtrip.tv » est une mine d'informations pour les voyageuses solo en devenir. Elle a également créé : « Voyager au féminin en sac à dos », un groupe Facebook suivi par plus de 99 000 membres (rien que ça !) et qui, depuis sa création, a permis à des milliers de voyageuses d'échanger, de se conseiller et surtout de se rencontrer.
Retrouvez Jenny sur Instagram @jdroadtrip et sur son blog « jdroadtrip.tv ».

Comment t'est venue l'idée de te lancer dans un voyage en solitaire ?

« Ce n'est pas quelque chose que j'avais envisagé au début. En fait, je suis partie en PVT (Permis Vacances Travail) en Australie pendant un an avec mon meilleur ami et une amie à lui. Les choses ont fait qu'ils ont dû tous les deux rentrer en France. J'ai donc dû rester seule un moment et je me suis rendu compte que j'aimais ça. J'ai ensuite voulu retenter l'expérience pour voir si c'était vraiment fait pour moi. Alors je suis partie un mois en Europe en Interrail et j'ai beaucoup aimé. Ça fait maintenant 10 ans que je voyage seule et je voyage essentiellement comme ça aujourd'hui. »

Est-ce qu'il y a un voyage qui t'a particulièrement marquée ?

« J'en ai plusieurs. Le premier voyage que j'ai fait en Australie a clairement été l'élément déclencheur de beaucoup de choses aujourd'hui dans ma vie. Non seulement ça m'a permis de me rendre compte que j'aimais voyager seule, mais ça m'a aussi permis d'améliorer mon anglais, de vaincre peu à peu mes peurs. À ce moment-là de ma vie, quand j'étais en Australie, j'étais très réservée, c'était difficile pour moi d'aller vers les gens. Je me suis forcée à parler anglais, j'ai appris à partager, à communiquer, à pleurer parce que ça peut être difficile parfois en voyage solo d'être loin de ses proches, on vit des moments difficiles. De manière générale, je pense que je suis quelqu'un qui a besoin de voyager pour se ressourcer. Quand je vis des moments difficiles, je ne suis pas du genre à rester dans mon lit à pleurer, je prends mon sac à dos et je pars. Par exemple, je rêvais d'aller à New York depuis très longtemps. Je vivais une séparation difficile alors j'ai pris mes billets et je suis partie 12 jours. C'était une manière pour moi de souffler tout en profitant du lieu.

Un autre voyage qui m'a aussi marquée, mais cette fois-ci qui a été très difficile, c'est celui que j'ai fait aux Philippines. Je me suis blessée au genou (j'en ai même encore des cicatrices), je me suis fait larguer à l'autre bout du monde, j'avais l'impression que tout s'écroulait. Alors, je suis rentrée. Je ne voulais pas rester sur une expérience négative, donc j'ai décidé de repartir mais cette fois-ci beaucoup plus simplement. Avec mon sac à dos, je suis partie 2 mois sur le chemin de Saint-Jacques-de-Compostelle et ça m'a permis de remettre mes idées en place. J'ai appris à pardonner. C'est très important, car je ne voulais pas avoir de rancœur sur ce voyage aux Philippines qui s'était mal passé. »

Parfois cela peut être aussi compliqué de partir en voyage solo alors qu'on vit une période difficile dans sa vie. En quoi le fait de voyager seule t'a permis de mieux faire face à tes problèmes ?

« Je me suis rendu compte que rester chez soi à ruminer n'était pas une solution. Le fait de partir loin, ça me permet de relâcher la pression, de relativiser. Les dix premiers jours quand je marchais sur Saint-Jacques-de-Compostelle, je pleurais, je n'étais pas bien. Mais c'est ma manière à moi d'avancer. Aussi, je partage beaucoup plus facilement avec des étrangers qu'avec mes proches. Parce que c'est plus simple, les gens ne sont pas dans le jugement, au contraire. »

Est-ce que tu penses que faire le chemin de Saint-Jacques-de-Compostelle, c'est une bonne première expérience de voyage en solo ?

« Oui et non. Généralement, quand tu pars sur le chemin de Saint-Jacques-de-Compostelle, ce n'est pas pour le plaisir de marcher, c'est parce que tu cherches quelque chose. Par contre, il faut être habituée à marcher, c'est quand même un défi physique. Pour un premier voyage solo, ce n'est pas ce que je conseillerais. Je suggérerais plus une destination européenne, un endroit où tu pourrais vraiment profiter. Pour les filles qui ne sont pas à l'aise avec l'anglais, tu peux aller dans les pays francophones comme la Belgique. »

Est-ce que tu aurais des conseils pour celles qui ont du mal à aller vers les autres, pour faire des rencontres facilement ?

« Je comprends tout à fait, c'est vrai que ce n'est pas évident. À l'époque, je ne savais pas dire les choses, je n'arrivais pas à exprimer mes émotions, c'était compliqué. Et en plus, je ne parlais pas la langue ! C'était très difficile. Ça reste mon avis, mais je trouve que c'est plus simple de rencontrer des gens dans une auberge de jeunesse quand tu es dans une chambre réservée aux filles. Après, cela va dépendre des femmes, il y en a au contraire qui seront peut-être plus à l'aise dans des chambres mixtes. Mais personnellement, je trouve que c'est plus facile. Aussi, je pense qu'il vaut mieux être dans une chambre à 4, 6 voire 8 personnes parce qu'il y a plus de proximité avec les gens. Si tu es à 20 personnes dans une chambre, c'est plus délicat d'aller engager une conversation avec une personne au fond du couloir qui est dans son lit. En temps normal, les

auberges de jeunesse proposent aussi des évènements. C'est clairement un endroit pour rencontrer du monde.
Les activités, ça aide aussi ! Je suis partie seule au Maroc et j'ai fait une excursion organisée dans le désert et du fait d'être toute seule, les gens sont venus vers moi. Parfois même un sourire, ça peut déclencher une conversation. De toute façon, tu n'as rien à perdre à essayer de lancer une conversation, tu as tout à y gagner. »

Est-ce que le fait de voyager solo en tant que femme est quelque chose que tu appréhendais à tes débuts ?

« De base, je suis une personne solitaire, donc la solitude ne me faisait pas si peur que ça. Quand tu es seule, tu dois apprendre à être autonome et à gérer ton souci quand il arrive. En partant en Europe, je n'avais pas plus d'appréhensions que ça, parce que je n'étais pas loin de chez moi et s'il y avait un problème, il suffisait de prendre un avion et de rentrer. Ma devise c'est : quand tu ne le sens pas, ne le fais pas. Il faut s'écouter, si tu es fatiguée et que tu as envie de rentrer, fais-le. Moi, c'est ce qui s'est passé dans les Pays Baltes, j'avais acheté mon billet aller mais pas mon billet retour. J'étais très fatiguée avec tout ce que j'avais fait comme voyages et je ne me sentais pas en adéquation avec la culture sur place où globalement les gens étaient assez froids.
C'est tout à fait normal d'avoir des appréhensions au début du voyage, parce qu'on va dans un endroit qu'on ne connaît pas. C'est difficile de donner des conseils pour vaincre ses peurs, parce qu'en fait, on en aura toujours. Même moi, j'en ai encore ! Demain si tu me dis qu'on va en Amérique Latine, j'aurais des appréhensions, parce que je ne connais pas. Le seul moyen de vaincre ses peurs, c'est d'y aller tout simplement. »

Toi qui es allée en Inde, qui est une destination où les conditions de la femme ne sont pas du tout les mêmes qu'en France, comment ça se passe sur place ?

« J'avais envie d'organiser des voyages au féminin là-bas parce que je savais qu'il y avait (encore aujourd'hui d'ailleurs) beaucoup de femmes qui voulaient y aller, mais pas seules. Moi-même clairement je n'irais pas en Inde seule, soyons honnêtes. Lors de ce voyage, j'avais un guide local francophone et on avait un van privé. Mais j'ai eu des moments où j'étais seule, car je devais attendre le prochain groupe de voyageuses.

Entre-temps, je ne voulais pas rester enfermée dans ma chambre, alors j'ai voulu visiter Delhi. J'ai pris des précautions, j'ai pris un chauffeur privé qui m'amenait où je voulais. Mais dans les endroits touristiques, je me faisais constamment solliciter. Déjà quand tu sors dans la rue, il n'y a que des hommes. Il faut savoir s'adapter à la culture sur place. À un moment donné, j'ai vu une scène qui m'a choquée. À la sortie d'un temple, j'ai vu une femme blanche sortir son portefeuille et distribuer des billets à tout va. J'entends qu'il y a des gens pauvres et que quand on va dans des pays comme ça, on a envie de donner. Mais pas comme ça au beau milieu d'une foule hystérique. Il faut respecter les locaux, ça veut dire aussi s'habiller en conséquence, tu ne vas pas t'habiller comme aux États-Unis avec ton polo et ton jean Levi's. »

Comment tu t'y prends quand tu fais face à du harcèlement de rue en voyage ?

« Généralement, le mec, je le vois à 100 m quand il va venir m'alpaguer. Je le contourne et si je vois qu'il vient quand même, je le regarde dans les yeux et je lui dis "Non" fermement. Il ne faut pas hésiter à dire non de la main aussi, même si ça paraît un peu brusque. Au début quand tu débutes tu vas dire gentiment "Oh, non merci", une fois, deux fois puis quinze fois, mais au bout d'un moment tu ne supporteras plus. »

Est-ce que tu penses que le voyage solo est fait pour tout le monde ?

« Non. Il y a des filles qui vont se lancer et qui vont adorer, comme d'autres qui ne vont pas aimer. Elles se sont ennuyées, elles n'ont pas rencontré de gens. C'est comme tout dans la vie. »

Tu disais que tu t'étais blessée au genou aux Philippines. Comment est-ce que tu fais lorsque tu rencontres des problèmes de santé en voyage ?

« Pour être honnête, c'est très difficile à vivre. Je suis tombée malade trois fois en attrapant la tourista. Généralement, quand tu tombes malade et que tu es assurée, tu amènes un formulaire à ton médecin qu'il va te remplir. Ensuite, il te donne une ordonnance pour que tu puisses récupérer tes médicaments à la pharmacie pour être remboursée après. »

Qu'est-ce que tu aimerais dire à une future voyageuse solo ?

« J'ai une phrase que je dis tout le temps : "Voyager, c'est la liberté d'être soi-même." »

May

> « Voyager en solo, ça fait vraiment peur. En tout cas, moi, ça m'a fait peur. Mais tout le monde peut le faire même sur une courte durée. »

May, de son prénom Maylis, est une voyageuse de la première heure. Elle est l'autrice du blog « Maytimeaway ». Passionnée de photo et de vidéo, elle s'est lancée dans la création de son blog pour partager ses voyages et aider les rêveurs à se lancer. J'ai interviewé May en octobre 2021, elle avait alors déjà réalisé son tout premier voyage solo le temps d'un week-end. Quelques mois après, elle s'est lancée dans un nouveau voyage de plusieurs mois en Asie, au Sri Lanka, en Thaïlande et en Amérique Latine, au Costa Rica.
Retrouvez May sur Instagram @maytimeaway et sur son blog « maytimeaway.fr ».

Est-ce que tu peux nous raconter ta première expérience de voyage en solo ?

« De base, je suis quelqu'un qui adore être avec des gens pour voyager, pour partager. Quand j'étais dans un bon restaurant par exemple, j'avais l'impression à chaque fois que j'avais besoin d'être avec quelqu'un pour partager ça. Donc mon premier voyage solo, c'est plutôt un concours des circonstances qui a fait que. Je suis partie en Italie avec une copine et elle a dû rentrer plus tôt que prévu. Du coup, plutôt que de rentrer en France, j'ai décidé de prolonger mon voyage, mais toute seule. C'était super excitant, je n'avais pas le temps de réfléchir puisque ça s'est passé du jour au lendemain. C'était pour moi l'occasion de tester le voyage en solitaire. On voit beaucoup de gens qui se lancent, donc ça donne envie. Mais on ne s'en sent pas toujours capable. J'ai planifié mon voyage le matin même, j'ai pris un train et je suis partie à côté du Lac Majeur. C'était génial parce qu'on était en pleine période covid et du coup j'avais l'impression d'avoir l'endroit pour moi toute seule, comme si j'étais privilégiée. »

Comment as-tu vécu cette première expérience ?

« Comme je savais que c'était court, je n'appréhendais pas trop. J'y suis allée en me disant que c'était un challenge. Et puis moi qui adore découvrir de nouvelles choses, j'étais super excitée à l'idée de vivre cette expérience. Finalement, une fois sur place, j'ai très bien profité parce que je savais qu'à mon retour j'allais être en confinement. Après grâce à mon compte Instagram, j'ai beaucoup échangé virtuellement, donc je ne me sentais pas vraiment seule. Et puis on partage aussi ses photos avec ses proches à son retour, donc finalement on partage aussi de cette façon-là. »

Est-ce que tu as fait de belles rencontres même en restant quelques jours sur place ?

« Eh bien finalement pas trop. Mais je pense que c'est lié à la destination et à la période sur laquelle j'ai voyagé, puisqu'avec le covid je n'ai quasiment croisé personne. J'avais trouvé une petite maison d'hôte, j'ai donc beaucoup discuté avec mon hébergeur qui était d'ailleurs très surpris de voir une jeune femme voyager seule. Aussi, les rares fois où j'ai mangé seule au restaurant, je me suis rendu compte que j'attisais la curiosité des gens qui étaient plus attentionnés que d'habitude. »

Tu es en train de préparer un nouveau voyage en solitaire. Est-ce que tu appréhendes de te retrouver seule ?

« Oui pour le coup j'ai l'impression que c'est un peu comme une première fois pour moi. Pour le moment, j'avais comme idée de partir 1 semaine dans le sud du Portugal mais en fait j'aimerais bien prolonger le voyage. Par exemple, en procédant par étapes en allant rejoindre une amie en Volontariat International (VIE) puis en reprenant ma route seule. Ça me fait un peu peur, mais je suis tellement excitée à l'idée de me lancer. Et puis je constate que la plupart des gens qui ont vécu l'expérience font des retours plutôt positifs, donc ça me rassure. »

As-tu ressenti de l'insécurité pendant ton séjour en Italie et l'appréhendes-tu pour ton prochain voyage ?

« Alors non, ni pour l'un, ni pour l'autre. J'étais déjà allée en Italie plusieurs fois, je m'étais renseignée sur cette destination avant de partir donc je savais que ce n'était pas spécialement dangereux pour les femmes. Et puis je suis une personne prudente, je ne vais pas me mettre en danger inutilement, je n'irais pas dans un pays où je me sentirais mal à l'aise. »

Et est-ce que tu as adopté des comportements spécifiques pendant ton voyage pour éviter de te faire embêter par les hommes ?

« En fait, ce sont des réflexes que j'ai dans la vie de tous les jours. Parce que finalement les moments où je me suis sentie le plus en insécurité, c'était en France. En plus, c'est un peu dans ma nature de me sentir mal à l'aise dans certaines situations et de faire constamment attention à tout. Je ne vais pas emprunter une ruelle trop sombre, rentrer trop tard le soir, etc. J'ai des amies qui parfois ne voient pas le mal où moi je le vois. Donc mon comportement ne va pas du tout changer par rapport à ma vie quotidienne en France. »

Quelles sont les autres problématiques que tu as rencontrées pendant ton voyage en solo ?

« Ce qui n'est pas pratique quand tu voyages en solo, c'est quand tu transportes avec toi un sac à dos très lourd ou même du matériel spécifique (par exemple moi qui fais de la photo et de la vidéo j'ai pas mal d'équipement sur moi) et que tu as envie d'aller te baigner, personne ne peut te garder tes affaires. Pour mon prochain voyage, je me demande comment je vais faire pour sécuriser mes affaires. Je préfère partir pleine de confiance en me disant que je vais rencontrer des gens, car je pense que c'est en étant dans cet état d'esprit que je vais plus facilement faire des rencontres. »

Et est-ce que tu as un plan d'attaque pour faire des rencontres sur place ?

« Quand j'ai voyagé en Asie (je n'étais pas toute seule à ce moment-là), j'ai rencontré beaucoup de voyageurs solo. On a passé parfois plusieurs jours avec eux et j'ai donc vu comment ils se comportaient. On a même discuté de comment ils s'y prenaient pour rencontrer du monde. Dans la plupart des auberges de jeunesse, en général c'est assez facile, il y a des espaces partagés où on peut échanger entre voyageurs. Je pense que je vais favoriser les transports en bus parce que c'est aussi ici qu'on rencontre beaucoup de backpackers. »

Qu'est-ce qui t'inquiète le plus actuellement dans le voyage solo que tu t'apprêtes à faire ?

« Je pense que ce qui me turlupine le plus, c'est comment faire des rencontres et comment sécuriser mes affaires (notamment le matériel qui coûte très cher). »

Quel message aimerais-tu faire passer à une femme qui rêve de se lancer dans un voyage en solitaire, mais qui a des appréhensions ?

« Voyager en solo, ça fait vraiment peur. En tout cas moi, ça m'a fait peur. Mais tout le monde peut le faire, même sur une courte durée. Cela permet de savoir si c'est quelque chose qu'on aime ou pas et au moins on ne peut pas avoir de regret. »

Caroline

« Avant j'avais toujours des idées précises de ce que je voulais voir, il fallait que je voie telle et telle chose. Mais maintenant je m'en moque de "tout voir", je préfère vivre l'expérience. Ça, c'est vraiment quelque chose qui a évolué dans ma façon de voyager. »

Caroline a beaucoup voyagé avant d'avoir ses enfants. Elle a notamment réalisé plusieurs voyages en Inde et en Indonésie dont deux en solo. Quand ses enfants ont quitté le nid familial, elle a décidé de se remettre au voyage en solitaire. Elle a profité d'un long séjour de recherche à Sydney pour voyager pendant plusieurs mois en Océanie en solo.

Qu'est-ce que tu ressens quand tu voyages seule ?

« Déjà, ça apporte de la liberté, on fait ce qu'on veut quand on veut. Il n'y a pas de planning, on vit au jour le jour. Quand je suis partie en road trip en Nouvelle-Zélande, je me levais le matin sans savoir où j'allais dormir le soir. Il suffit de se laisser porter, voir où le vent nous mène. Voyager seule permet aussi d'être totalement ouvert à de nouvelles rencontres. »

Est-ce que tu penses qu'il y a un moment idéal pour voyager seule ?

« Clairement quand j'élevais mes enfants je n'ai pas du tout voyagé. J'ai fait quelques voyages avec eux mais pas en solo. Quand on a des enfants, c'est bien entendu difficile de voyager seule. Sauf si éventuellement tu pars sur une courte période mais moi ce n'est pas mon truc. »

À titre personnel, j'ai tendance à vouloir tout organiser par peur de m'ennuyer sur place. Quand tu pars sur une longue période, sur 6 mois ou 1 an par exemple, comment est-ce que tu t'organises ?

« J'ai vu des gens qui partaient pour un an et qui avaient pratiquement tout organisé. Ils avaient tous leurs billets d'avion, ils connaissaient leur itinéraire exact. Quelle que soit la durée du voyage, on peut ou non tout organiser de A à Z. Moi, je me rends compte avec le temps que j'aime ne plus rien organiser et me laisser porter par mes envies et les découvertes. Là, par exemple, je suis partie en Bretagne, je ne savais pas ce que j'allais faire trois jours avant le départ. J'y allais pour un mariage et, au final, j'y suis restée six semaines et j'ai marché sur le GR34, le chemin côtier, en achetant une tente et un sac de couchage sur place. Avant, j'avais toujours des idées précises de ce que je voulais voir, il fallait que je voie telle et telle chose. Mais maintenant je m'en moque de "tout voir", je préfère vivre l'expérience. Ça, c'est vraiment quelque chose qui a évolué dans ma façon de voyager.

Je me rappelle qu'un jour, mes collègues à Sydney m'avaient recommandé de faire une pause parce que je travaillais beaucoup. Ils avaient trouvé des billets pas chers pour aller au Vanuatu, un pays dont j'ignorais totalement l'existence. Je suis partie et ne savais rien hormis qu'il y avait des spots de snorkeling. C'était génial ! Parfois, j'attendais un bus qui potentiellement pouvait ne jamais arriver. Avant, c'est quelque chose qui m'aurait énervée parce que je perdais du temps. Mais maintenant ça m'est égal, j'en profite pour discuter, regarder, observer, prendre le temps, et en général je tombe sur une bonne âme qui me prend pour aller à l'endroit désiré. Je regarde la vie autour de moi, je me laisse surprendre, c'est une autre approche du temps radicalement différente, et qui me plaît énormément. Et je pense que c'est parce que, en fait, je n'ai plus peur. Plus peur de m'ennuyer, plus peur de perdre mon temps, plus peur des expériences que je pourrais faire. Je n'ai plus cette appréhension de mal utiliser mon temps, je vis en somme ! »

Toi qui as beaucoup voyagé, est-ce que tu as ressenti de l'insécurité dans certains pays ? Y a-t-il des destinations que tu recommanderais à des femmes qui veulent voyager seules ?

« Les moments où j'ai eu quelques frayeurs c'était au Guatemala et au nord de la Syrie. En Inde, Indonésie, Syrie, Jordanie, les pays arabes en somme pas du tout. Après, c'est sûr que quand on va à Madagascar, à Antananarivo (la capitale) ou en Inde à New Delhi, des endroits qui sont extrêmement pauvres, il faut y aller sans rien. Moi, je n'avais pas peur, car je n'avais rien sur moi, même pas un appareil photo. Dans les pays pauvres, il ne faut porter aucun signe de richesse. J'avais juste une petite pièce pour aider les gens et acheter un mouchoir, un rasoir, etc. Parfois, quand je voyais des touristes dans des villes très pauvres se promener avec une énorme sacoche avec des appareils photos, ça me mettait mal à l'aise. J'ai parfois honte d'être occidentale et "riche". Parce qu'ils ne se rendent pas forcément compte qu'avec ce qu'ils ont sur eux, ils pourraient faire vivre toute une famille là-bas pendant 2 ans.
Quand je suis arrivée à mon hôtel au Guatemala, on m'a dit de ne pas sortir pendant 2 jours parce qu'il y avait les forces armées et les rebelles qui encerclaient la ville. Je n'étais pas très rassurée ! Quand j'étudiais à New York, il y a 30 ans, je voulais absolument voir Harlem et à cette époque, c'était considéré comme très dangereux. J'ai pris un bus et tout à coup une personne m'a retenue par la manche. J'ai commencé à stresser et finalement c'était un policier qui me demandait ce que je faisais là. Il m'a demandé de remonter dans le bus. Et pourtant, pendant les 5 minutes où j'y étais, je n'ai pas eu peur du tout.
Aux États-Unis pendant mon séjour d'une année pour faire mon MBA (master en management et gestion d'entreprise), j'ai été la seule à ne pas m'être fait agresser. Après, c'est clair que j'étais toujours sur mes gardes et crispée du fait d'être toujours très attentive à tout. Mais tout en ne le

montrant pas du tout. Quelque part, je n'étais pas obligée de rentrer en métro à 2 heures du matin en passant par des quartiers mal famés ! »

Et est-ce que tu as rencontré des difficultés pendant ton voyage du fait d'être une femme ?

« Quand j'étais en Turquie, je suis allée dans le nord du pays pour visiter une basilique. On m'avait prévenue qu'il ne fallait pas que je m'éloigne. Mais le paysage était tellement beau que je me suis un peu éloignée et je suis tombée nez à nez avec un homme armé d'un immense fusil. Effectivement, je me suis dit sur le moment que je n'aurais pas dû venir là. Il a dû se dire que je ne devais pas être dangereuse et m'a laissée partir. Au contraire, je pense que le fait d'être une femme m'a aidée dans ce cas précis. Il a bien dû voir que j'étais une touriste égarée. Après, j'essaye de me fondre dans le paysage. En Syrie, je portais toujours des jupes très longues. Je m'adapte à la culture. C'est un truc à savoir quand on voyage seule en tant que femme, il faut s'habiller comme les locales. »

Est-ce que tu aurais des astuces pour rencontrer des gens ?

« Ça dépend de l'âge. Quand on est jeune, le mieux c'est d'aller en auberge de jeunesse. Ça permet de rencontrer du monde. En camping aussi on rencontre plein de gens. Cela dépend du degré de solitude que tu acceptes. Est-ce que tu cherches à échanger avec des locaux ? Dans ce cas-là, tu peux discuter avec des gens dans les boutiques, ou échanger avec quelqu'un à qui tu demandes ton chemin. Ou est-ce que tu cherches plutôt quelqu'un pour voyager avec toi ? Par exemple, quand je suis partie au Vanuatu, j'ai rencontré une infirmière qui vivait en Nouvelle-Calédonie. On avait prévu de faire un voyage ensemble et, finalement, au bout du premier jour, on s'est arrêtées parce qu'on s'est rendu compte qu'on ne voulait pas du tout voyager de la même manière (moi, de manière improvisée et suivant les envies du moment, elle, selon un programme très précis). Donc on a continué notre voyage chacune de notre côté. »

Comment est-ce que tu as vécu la solitude pendant tes voyages ?

« Tout cela dépend vraiment du degré de solitude acceptable pour toi. C'est vrai que, pour ma part, j'aime la solitude. Pourtant, les premiers jours à Sydney, à l'autre bout du monde, je me suis vraiment sentie très seule. Cela te pousse à discuter, à t'ouvrir, à parler aux inconnus. Certains sont devenus des amis, alors que je les abordais dans un square, à la plage, etc. Ma plus grande frustration, c'était de ne pas pouvoir partager les moments magiques avec d'autres personnes. C'est pour cela que c'est bien aussi de rencontrer d'autres gens sur la route pour partager des émotions, des vécus, des expériences, des ressentis, et de bons tuyaux ! »

Est-ce que tu aurais un conseil que tu aimerais donner à une femme qui aimerait se lancer ?

« Rentrer dans un groupe Facebook pour se faire aider. Les gens sont vraiment empathiques, ils te donnent beaucoup de conseils pratiques, mais pas que. Si tu te sens un peu seule, tu peux envoyer un message sur ces groupes où il y a plein de gens bienveillants prêts à t'aider. Il y aura toujours quelqu'un qui aura voyagé à l'endroit où tu es et qui va te donner des conseils. Le mieux, c'est de commencer par un petit voyage de quelques jours dans une ville européenne et de faire les choses pas à pas. Et enfin le meilleur conseil, c'est lance-toi, tu verras, tu vas y prendre goût très vite ! »

Hyo

> « Avoir peur est un sentiment incroyable. C'est seulement quand on a peur que l'on a vraiment la sensation de vivre une aventure. »

Hyo est Sud-coréenne, elle est fondatrice de « Nomad Her », une application qui met en relation les voyageuses solo à travers le monde. Elle a voyagé dans près de 45 pays et voyage en solo depuis l'âge de 11 ans. Aujourd'hui, elle vit à Paris et œuvre chaque jour pour rendre le voyage solo accessible à plus de femmes.
Retrouvez Hyo sur Instagram @hyoojeong. Rendez-vous dans la section « Rencontres » de la Toolbox pour en savoir plus sur « Nomad Her », l'application créée par Hyo.

Parle-nous un peu de tes voyages. Où est-ce que tu as voyagé et pendant combien de temps ?

« Je suis quelqu'un qui aime voyager lentement. C'est-à-dire que généralement, je reste plusieurs mois, parfois même plusieurs années dans un endroit. Cela va bientôt faire 4 ans que je voyage en France. Cela me permet de mieux m'intégrer dans une culture étrangère. Je crois que je suis allée sur presque chaque continent. J'ai notamment voyagé avec le transsibérien de Paris jusqu'en Corée du Sud. Je suis aussi partie plusieurs mois en Amérique Latine, à Cuba, au Moyen-Orient en Palestine, où j'ai travaillé. Plus récemment, je suis restée 1 mois au Maroc juste avant le covid, d'ailleurs c'est une destination que j'ai adorée ! »

Pourquoi as-tu particulièrement aimé le Maroc ?

« Déjà, j'y suis allée parce qu'il y avait beaucoup de préjugés sur ce pays, comme quoi c'était dangereux d'y aller en tant que femme seule. D'ailleurs, on a remarqué que, sur l'application, beaucoup de femmes demandent des conseils sur le Maroc et l'Inde. Alors j'ai voulu voir par moi-même. Finalement, le sentiment d'insécurité dépend de beaucoup de conditions notamment de la région où tu vas et de la manière dont tu t'habilles. Je me suis rendue dans une toute petite ville, très prisée des surfeurs mais peu connue des touristes. Je m'y suis sentie beaucoup plus à l'aise qu'à Paris. Je m'habillais avec un pantalon et un t-shirt large comme les Marocaines, les gens étaient tous très respectueux. Mais c'est aussi la première fois de ma vie que je pleurais en admiration devant la nature ! Je me suis rendue à Paradise Valley, les paysages étaient à couper le souffle. En plus, il n'y avait personne. »

Est-ce que tu penses que, même pour une première expérience de voyage en solitaire, on peut voyager dans n'importe quel pays ?

« On a beaucoup d'utilisatrices (de l'application "Nomad Her") qui veulent se lancer dans un premier voyage en solo. Je leur recommande de commencer par partir dans leur propre pays. Je pense vraiment que c'est important, déjà parce que tu peux parler ta propre langue, ce qui facilite les échanges. D'ailleurs, une de nos utilisatrices vient de Clermont-Ferrand, elle a décidé de réaliser son premier voyage en solo à Paris. Il y a beaucoup de Français qui ne sont jamais allés à Paris ! Si on veut commencer dans un pays dans lequel on ne maîtrise pas les codes, cela peut-être un peu plus difficile par manque d'habitude. Puis au fur et à mesure, partir dans les pays voisins. »

As-tu des exemples de destinations où tu es allée et qui ont pour réputation d'être dangereux pour une femme qui voyage seule ?

« Je vais répondre à ta question à l'envers. Pour moi, même Paris n'est pas une destination idéale pour les voyageuses solo. Étant une femme asiatique qui vient de la Corée du Sud, je me suis déjà fait harceler 25 fois dans la même journée à Paris. Il m'est même arrivé quelques fois que l'on me prenne pour une prostituée. Cela dépend vraiment de comment tu es. Pour moi par exemple qui suis asiatique, c'est plus simple de voyager en Thaïlande parce qu'on pourrait croire que je suis locale. Quand je suis allée au Mexique, par contre, on m'a tout de suite vu comme une touriste. »

Est-ce que tu as vécu des moments d'insécurité dans certains pays où tu as voyagé ?

« Cela dépend vraiment d'où tu vas, généralement j'essaye d'aller dans des endroits peu touristiques et c'est là que je me sens le mieux. Mais ce qui est important, c'est de ne pas être dans le préjugé. Le but de l'application "Nomad Her", ce n'est pas de dire aux femmes de ne pas aller dans tel ou tel pays. C'est plutôt de dire qu'il y a des communautés de voyageuses qui sont là pour les accompagner dans chaque destination. Dans l'idéal, il vaut mieux aller dans des lieux qui ne sont pas touristiques pour éviter le harcèlement de rue. »

Est-ce que tu recommanderais à n'importe qui de voyager en solo ?

« Non. Les besoins de chacun sont différents mais aussi les étapes de vie. Pour certaines femmes, selon leur situation personnelle, cela peut être plus ou moins difficile de voyager seule. Je pense par exemple aux mamans. Ça peut aussi être une question de budget. Voyager seule, ça peut aussi coûter plus cher parce qu'on ne peut pas partager les frais avec quelqu'un d'autre. Si tu prends un Airbnb toute seule, tu vas payer une chambre pour une personne au prix de deux. On a toutes le droit de voyager seules, mais je ne peux pas recommander à toutes de le faire. Être ouverte et aller sur le terrain, c'est essentiel. »

Comment est-ce que tu as vécu la solitude pendant tes voyages ?

« Voyager en solo, c'est vraiment une manière de savoir qui tu es et de voir jusqu'où tu peux repousser tes limites. La solitude ce n'est pas toujours évident à vivre, mais je ne pense pas qu'on puisse le réduire simplement à un sentiment négatif. C'est cette solitude qui te permet de sortir de ta zone de confort et d'aller vers les gens. Donc je ne la vois pas comme quelque chose de négatif. »

Quel dernier conseil donnerais-tu à une future voyageuse solo ?

« Avoir peur est un sentiment incroyable. C'est seulement quand on a peur que l'on a vraiment la sensation de vivre une aventure. Si tu as peur, ça veut dire que tu essayes, que tu tentes l'inattendu, que tu te lances dans une aventure qui te sort de ta zone de confort. »

Marlène

« Aujourd'hui le voyage fait partie de ma raison de vivre [...] Certes je suis maman, mais je suis avant tout une femme, une voyageuse. »

Marlène a 37 ans, elle est maman de deux petites filles. Le leitmotiv de ses parents quand elle était petite, c'était de voyager en sac à dos. Aujourd'hui, Marlène a fait du voyage son métier. Elle a fait ses études dans le tourisme et dès sa majorité, elle a décidé de réaliser ses rêves de voyage. Son plus grand rêve d'enfant : partir au Congo pour s'occuper des chimpanzés.
Retrouvez Marlène sur Instagram @lagirafequivole et sur son blog « lagirafequivole.com ».

Comment as-tu fait pour réaliser ton premier voyage en Afrique ?

« J'ai travaillé en CDI à Paris dans un job lié au monde du tourisme. Je ne m'y plaisais pas spécialement mais cela me permettait de mettre de l'argent de côté pour ce voyage. Je suis partie là-bas et j'ai travaillé dans une association qui protégeait les chimpanzés. Ce voyage m'a permis de confirmer mon amour pour l'Afrique. J'adore les paysages, la faune, le sourire des gens, la culture, la nourriture, la musique, etc. Après le Congo, j'ai tout fait pour revenir en Afrique et me faire une nouvelle expérience. J'ai donc réussi à obtenir un job en Namibie où j'ai travaillé un peu moins de 2 ans. Quelques années après, j'avais envie d'y retourner, alors je suis partie en Afrique du Sud mais cette fois-ci pas toute seule, en famille. Après le Congo, mon prochain rêve c'était d'observer les gorilles de montagne en Ouganda. Je l'ai concrétisé en me donnant de nouveau les moyens de le faire. J'ai des rêves de voyages et je fais tout pour les réaliser. Parfois, ça prend du temps, ça peut prendre des années. Mais en tout cas, je fais tout pour réaliser mes projets. »

Est-ce que depuis que tu es maman tu as réussi à voyager seule ?

« J'ai pas mal voyagé avec mon aînée. Je prenais le temps de lui transmettre ma passion du voyage, la rencontre de l'autre, la découverte de nouveaux horizons. »

Et est-ce que tu penses que tu pourrais voyager seule aujourd'hui sans tes enfants ?

« Oui. J'ai déjà voyagé seule depuis que je suis maman. Je sais que ça peut surprendre certaines personnes, car il y en a qui ne s'en sentiraient pas capables et d'autres qui rêveraient de faire ce que je fais. J'avais au début une part de culpabilité à l'idée de partir toute seule, mais finalement je ne l'ai pas ressentie. Je me suis rendu compte que j'avais besoin de me retrouver pour recharger les batteries et revenir avec une énergie plus saine, me sentir reboostée pour aller de l'avant. Aujourd'hui, le voyage fait partie de ma raison de vivre. Après, le voyage peut durer quelques jours seulement. Parfois juste prendre du temps et partir hors de chez soi, loin de sa routine, ça fait du bien. Moi j'essaye de le faire au moins une fois par an. »

Quel est le dernier voyage de ce type que tu as réalisé ?

« Depuis le covid, j'avais vraiment des périodes où je n'étais pas en très grande forme morale. Et puis il y a eu aussi l'accouchement, la vie à quatre a été un vrai chamboulement pour moi. Je me suis dit qu'il fallait que je parte, même pour 2 ou 3 jours seulement, pour que je recharge les batteries. Alors je suis partie il y a 15 jours à deux heures et demie de Nantes, en Haute-Vienne, dans un des plus beaux villages de France. Je suis vraiment sortie de ma zone de confort parce que je n'ai pas l'habitude de prendre la route et de conduire toute seule. »

Pourquoi est-ce que tu choisis de voyager seule ?

« Pour développer mon indépendance et partir en quête de liberté. Certes, je suis maman, mais je suis avant tout une femme, une voyageuse, et j'aime les gens. J'ai besoin de me sentir libre, vivante et inspirée par les gens que je rencontre. Partir seule, ça amène plus à aller vers les gens et ça, j'aime bien. J'aime bien prendre le temps d'aller à la rencontre des gens quand je suis seule, et surtout sortir de ma zone de confort. En tant qu'indépendante, je suis tous les jours dans mon train-train, je suis devant mon ordinateur tout le temps. Quand j'ai des moments de voyage seule, ça me demande un certain effort quand même. Ça me force à m'ouvrir aux autres, à prendre confiance en moi, à respecter mon rythme et à accepter mes propres choix. »

Est-ce que tu as ressenti du jugement ou des appréhensions de la part de tes proches du fait que tu partes en voyage solo ?

« Oui. Mais j'ai eu cette force de ne pas trop les écouter. C'est pourtant très paradoxal, car je suis une personne très sensible et vite influençable sur certaines choses. J'ai compris avec le temps que chacun avait ses propres peurs et que les rêves les plus fous que j'avais comme partir toute seule en Namibie et vivre là-bas, ça a fait réveiller une certaine peur chez les autres. Au lieu de me dire "Oh la la, tu es sûre que tu veux partir ?", ils auraient pu me dire "Waouh, mais c'est génial ce que tu fais, ton projet est génial !" C'est une approche différente que j'aurais souhaité avoir de leur part. Je sais que j'ai été perçue un peu comme une extraterrestre par mes proches, mais ma volonté était beaucoup trop forte. J'avais envie d'être un peu plus égoïste à ce moment-là, m'écouter et partir. »

Quels conseils donnerais-tu aux futures voyageuses qui rencontrent ce type de problème auprès de leurs proches ?

« Quand on a voulu partir en Afrique du Sud en famille, nos objectifs et notre raison de partir n'étaient peut-être pas si clairs pour nous mais aussi pour les autres. Le conseil que je donnerais, c'est de se demander avant de partir : pourquoi veut-on faire ce voyage ? Comme ça au moins, lorsqu'on a les réponses à cette question-là, on part blindé pour l'annoncer à notre entourage. Il y a des gens qui peuvent être envieux parce qu'ils ne seront jamais capables d'avoir le courage de partir. Et le seul moyen pour exprimer leur envie, c'est de transmettre leurs propres peurs. Et le souci, c'est que lorsqu'on est un peu sensible comme moi, qu'on est une éponge à émotions, c'est sûr que ça ne nous laisse pas indifférents. On se dit que finalement ils ont peut-être raison. Si on se met trop de barrières, on ne partira jamais. Il faut se faire confiance et s'écouter, le plus important c'est de se fier à son instinct. »

Justement, est-ce que tu aurais des conseils pour mieux écouter son instinct ?

« Il y a un exemple là tout de suite qui me vient, c'est quand je suis partie en Afrique du Sud lorsque je vivais en Namibie. J'ai voulu voir si la ville du Cap allait me plaire. J'y suis allée toute seule et un soir je ne sais pas pourquoi, je me suis dit qu'il ne fallait pas que je sorte seule. Il y avait un truc qui me bloquait, qui me disait qu'il fallait que je reste dans ma chambre d'hôtel. Ça m'embêtait parce que je savais que je n'étais là que 4 jours, je trouvais ça bête de ne pas sortir. Mais finalement je me suis écoutée et je ne l'ai pas regretté. Si on est fatiguée, qu'on n'a pas trop confiance en soi ce jour-là, qu'on ne se sent pas de sortir tout simplement, il faut s'écouter. Suivre son intuition, c'est écouter cette petite voix qui te dit de le faire ou de ne pas le faire. »

Tu disais tout à l'heure que tu avais économisé parfois pendant plusieurs années pour réaliser tes voyages. Quels conseils donnerais-tu à des personnes qui ont un petit budget pour voyager ?

« J'en parle parfois par le biais de mon blog. De temps en temps, il y a des gens qui veulent partir en Tanzanie, mais ils ont un petit budget et je leur recommande de ne pas partir tout de suite. Pour moi, la Tanzanie, c'est le voyage d'une vie. Il vaut mieux économiser quelques mois et partir dans de bonnes conditions. Moi, c'est ce qu'il s'est passé quand je suis partie au Congo, je n'avais pas assez économisé alors que j'avais vraiment envie de concrétiser ce rêve. J'ai donc repoussé mon voyage à un an pour avoir l'argent nécessaire, me sentir en sécurité là-bas et subvenir à mes besoins comme il faut. Le budget est une part importante dans un voyage et il faut bien le faire. Surtout quand on voyage seule en tant que femme, c'est primordial. »

Est-ce que tu appréhendais de voyager solo en tant que femme ?

« Je pense que comme tout le monde j'avais des appréhensions. Moi, j'avais peur de me faire voler des affaires. J'ai été victime d'un cambriolage en France et du coup j'ai cette peur de me faire voler les choses. C'est vrai que ce n'est que du matériel mais en tant que voyageuse j'ai toujours peur de ça. J'ai peur de me faire piquer mon sac à dos, mon passeport, etc. Du coup je me suis équipée avec des cadenas et je m'habille avec des habits très souples, sans bijoux et sans montre. Je n'aime pas me faire remarquer dans mon quotidien mais aussi en voyage. Il ne m'est jamais rien arrivé, on ne m'a jamais rien volé.

La seule chose qui m'est arrivée et qui aurait pu mal tourner, c'est une arnaque que j'ai subie en Inde. J'étais dans la ville de Jaipur au Rajasthan, je me suis fait aborder par un jeune homme. Il m'a demandé de l'aider à écrire une lettre en anglais pour sa petite copine. Je lui ai dit oui. On est allés boire un thé et je l'ai aidé. Il m'a remerciée et m'a proposé de m'amener dans une bijouterie où travaillait son frère. Au début je refuse, et puis il insiste. Finalement je le suis, je me suis dit que c'était l'occasion de découvrir une nouvelle boutique, d'autant plus que j'avais envie de m'acheter un bijou. Au bout de 5 minutes, je vois qu'on passe par des petites rues très étroites, je commençais à ne plus être très rassurée. Il a vu que je commençais à stresser, alors il m'a rassurée en me disant qu'on allait bientôt arriver. On arrive à la bijouterie, et là j'ai vite compris qu'il voulait me faire acheter un truc. J'ai rapidement acheté quelque chose pas cher parce que le ton pouvait vite monter. Puis je suis partie. Ça montre bien qu'il faut écouter son instinct. Cette fois-ci je ne me suis pas écoutée et ça aurait pu mal tourner. »

Quels conseils donnerais-tu aux futures voyageuses solo ?

« Il y a un livre que j'aurais bien aimé qu'on m'offre avant de partir qui s'appelle *Elles ont conquis le monde en solo*. C'est un livre qui m'a touchée et qui m'a donné beaucoup confiance en moi. Ne regardez pas trop sur Instagram et sur les blogs qui vous vendent du rêve. Élargissez votre curiosité, allez dans une bibliothèque ou dans une librairie, regardez ce qu'il se passe dans les livres sur la thématique qui vous intéresse. Osez aussi entrer en contact avec des gens qui vous inspirent. Partagez-leur vos craintes et vos envies pour qu'ils puissent peut-être vous donner de bons conseils.

Quand j'ai fait mon premier voyage solo, je n'avais pas les réseaux sociaux. Aujourd'hui, c'est très bien qu'on ait tout ça, mais ça peut aussi nous enfermer dans de la comparaison aux autres. Il n'y a pas que le web et les blogs, essayez d'élargir votre curiosité à travers de la lecture ou des évènements qui sont organisés pour aller à la rencontre de l'autre, pour sortir du virtuel. »

Isaline

« Personnellement, c'est la meilleure expérience que j'ai pu vivre dans ma vie. Ça permet d'apprendre beaucoup sur les autres et sur soi. »

Isaline a 26 ans, elle a réalisé son premier voyage solo en 2019 au Canada qu'elle a dû écourter à cause du covid. À son retour, elle a eu l'idée de créer une page Instagram @nousvoyageuses, pour partager les expériences d'autres voyageuses solo à travers le monde.
Retrouvez Isaline sur Instagram @nousvoyageuses.

Raconte-nous, comment s'est passée ta première expérience de voyage en solo ?

« Je suis partie en PVT au Canada, initialement pour une période d'un an mais avec le covid j'ai dû rentrer plus tôt que prévu. Le PVT fonctionne sur un système de tirage au sort et j'ai eu la chance d'être sélectionnée (parfois certaines personnes attendent plusieurs années avant d'obtenir ce permis de travail). Le PVT permet de travailler au Canada pendant 2 ans. Mon idée était de rester au minimum 1 an sur place pour voir si voyager seule allait me plaire. C'était mon tout premier voyage solo, donc je ne savais pas du tout ce qui m'attendait et si cela allait me convenir. Je ne savais pas si j'allais réussir à voyager seule. Je me suis concentrée sur un seul pays parce qu'au tout départ, je voulais faire le tour du monde en solo. Mais finalement, je me suis dit que c'était peut-être un peu ambitieux pour commencer à voyager seule. Après, il y a plein de voyageuses qui le font et qui se lancent sans problème dans un tour du monde en solitaire.

Mais pour ma part, j'avais besoin dans un premier temps d'être rassurée en me cantonnant à un seul pays. J'ai choisi le Canada parce que je rêvais d'y aller depuis longtemps. J'ai également fait une petite escapade de 2 semaines à Hawaï. »

Tu disais que c'était vraiment un choix personnel et un besoin profond de voyager seule. Pourquoi ?

« J'ai toujours voyagé avec mes parents, mais c'est vraiment en troisième année de licence que j'ai commencé à voyager par moi-même. Pour moi, lorsque je partais en famille, c'était plutôt des vacances. Je fais vraiment la distinction entre vacances et voyage. C'est quand je suis partie pour la première fois avec ma meilleure amie, que j'ai vraiment réalisé ce que c'était de voyager. Je suis beaucoup partie en Europe et c'est comme ça que la passion du voyage a commencé à m'animer. C'est à ce moment-là que j'ai commencé à envisager de voyager seule. Aussi, à chaque fois que je voulais me lancer dans un voyage, je devais toujours attendre que quelqu'un soit disponible pour m'accompagner. Sauf qu'au bout d'un moment, je me suis rendu compte que je passais à côté de plein de voyages que j'avais envie de faire parce que personne n'était disponible pour partir avec moi. Pourquoi se mettre des contraintes alors que c'est possible de voyager seule ? Avant, je n'envisageais même pas le fait que cela soit possible.

J'avais aussi envie de savoir si je pouvais y arriver. Comment j'allais me débrouiller toute seule. Parce que quand tu voyages en groupe, tu te reposes beaucoup sur les autres. Notamment en ce qui concerne la langue, à l'époque je ne parlais pas très bien anglais. Je me suis dit qu'il fallait que je sorte de ma zone de confort. »

Quels ont été tes premiers ressentis pendant tes premières semaines de voyage et comment tes sentiments ont évolué au fil du temps ?

« Au début, je ne réalisais pas trop. En plus, ma famille ne croyait pas trop à mon départ avant que je sois tirée au sort. Ils pensaient sûrement que c'était une envie passagère, comme un caprice. Mais quand j'ai eu le PVT, ça a changé la donne !

Quand je suis partie le jour J, je n'avais pas spécialement peur du voyage en tant que tel même si je redoutais un peu comment ça allait se passer.

J'ai surtout ressenti de la culpabilité. Quand je suis montée dans l'avion, j'ai compris que je laissais ma famille et mes amies derrière moi. J'ai compris que pendant au moins 1 an, je n'allais pas les voir, que j'allais au bout du monde sans savoir ce qui m'attendait. Dans l'avion je me suis demandé ce que je faisais là : "Dans quoi je me suis embarquée ?!", "Qu'est-ce que je fais si ça se passe mal ?" Mais je m'étais dit que si jamais je me rendais compte que ce n'était pas fait pour moi, je ne devais pas le prendre comme un échec. Après tout, le voyage solo n'est pas fait pour tout le monde. Il faut essayer pour n'avoir aucun regret.
Au final, quand je suis arrivée sur place, j'ai vécu pas mal de péripéties, et les trois premiers jours ont été les plus difficiles. J'avais même envisagé de rentrer. Mais ensuite, j'ai commencé à travailler et à me faire des amis, c'est là que tout s'est arrangé. Au bout de 6 semaines, je n'avais pas du tout envie de rentrer. Au fur et à mesure, j'ai pris confiance et je me suis améliorée en anglais (surtout en pratiquant dans les auberges de jeunesse). »

Tu disais tout à l'heure que ta famille ne croyait pas à ton départ. Est-ce qu'à un moment donné, tes proches ont représenté un frein pour ton voyage ? Si oui comment tu l'as surmonté ?

« Oui, totalement. En fait, j'avais un peu deux groupes dans mon entourage : ceux qui me soutenaient complètement et qui me poussaient à y aller. Et puis il y a les autres, qui projetaient leurs peurs sur moi : "Tu ne devrais pas partir, c'est dangereux", "S'il t'arrive quelque chose, on ne sera pas là pour t'aider", etc. Le truc, c'est que ça peut vraiment te démotiver ce type de remarques. Mais je savais ce que je voulais : partir. Ça m'a un peu affectée au début parce que je ne me suis pas sentie soutenue dans mon projet, mais ça ne m'a pas démotivée. Au contraire, ça m'a même donné envie de leur prouver qu'ils avaient tort. Oui ça peut être dangereux, mais ce que je dis toujours, c'est qu'il peut t'arriver les mêmes choses à Paris. Après, je peux très bien comprendre en tant que parent, que cela peut être inquiétant de laisser ses enfants partir loin, dans un pays inconnu. Pour autant, je pense qu'il faut mettre de côté ses propres peurs et être présente pour la personne qui souhaite partir. Parfois il faut savoir prendre du recul et ne pas forcément écouter ce que les autres disent et foncer. Sinon finalement, tu ne fais plus rien pour toi. »

Est-ce que tu as fait face à des problèmes d'insécurité ?

« Pour le coup, je n'ai jamais vraiment ressenti de l'insécurité. Après, je pense qu'il faut aussi savoir s'écouter mais aussi écouter les conseils des locaux. Ils sont là pour te conseiller et t'indiquer les quartiers à éviter. »

As-tu rencontré d'autres problèmes pendant ton voyage ?

« Pas vraiment. J'ai juste eu une tendinite vers la fin du voyage quand je travaillais dans une ferme. Donc je ne pouvais plus travailler. Mais j'ai très bien été prise en charge. »

Toi qui es partie sur une longue durée, comment t'y es-tu prise pour ta contraception ?

« À l'époque, je prenais la pilule. Alors, je suis allée demander une ordonnance à mon médecin et j'ai pu récupérer un stock de pilules pour 1 an en pharmacie (malgré quelques galères car normalement il faut demander une autorisation à la Sécurité sociale au moins 8 semaines avant). Si jamais il me manquait des plaquettes, j'avais laissé l'ordonnance à ma mère pour qu'elle puisse éventuellement voir le médecin, lui expliquer la situation et m'envoyer les plaquettes par la poste au cas où. J'avais envisagé d'arrêter la pilule à ce moment-là, parce que c'était d'ailleurs assez compliqué à gérer. »

Et pour les protections hygiéniques, comment t'y es-tu prise ?

« Je suis passée à la cup menstruelle. Parce que tu ne sais pas trop si tu vas trouver facilement des serviettes ou des tampons sur place. »

Si tu devais donner un conseil à une femme qui veut se lancer dans un voyage solo et qui hésite, ça serait lequel ?

« Je lui dirais qu'il faut foncer. Si c'est vraiment une envie qui l'anime, il faut qu'elle se lance. Même si finalement ça ne lui plaît pas, au moins elle aura essayé. Je lui dirais aussi de se faire confiance, de s'écouter. La confiance arrive au fur et à mesure du voyage. Personnellement, c'est la meilleure expérience que j'ai pu vivre dans ma vie. Ça permet d'apprendre beaucoup sur les autres et sur soi. Ça m'a apporté beaucoup de confiance en moi, aujourd'hui je ne suis plus du tout dans le même état d'esprit qu'il y a trois ans. Enfin, quand je prends du recul sur mon voyage, je me rends compte que la peur fait vraiment partie de l'expérience. Il ne faut pas avoir peur de la peur. Au contraire, si vous avez peur, foncez ! C'est là que l'aventure commence. »

Sabrina

> *« Voyager seule, c'était presque impossible pour moi jusqu'à ce que je me sépare de mon ex-compagnon il y a 15 ans »*

Maman de trois enfants, Sabrina travaille dans le management et les ressources humaines dans la région lyonnaise. Elle a toujours voyagé avec ses parents. Après sa séparation avec son ex-compagnon, elle s'est mise à voyager en solo, quelque chose qui n'était pas du tout envisageable pour elle auparavant.

Comment as-tu commencé à voyager seule ?

« Voyager seule, c'était presque impossible pour moi jusqu'à ce que je me sépare de mon ex-compagnon il y a 15 ans. J'avais entamé le tour de l'Europe avec lui. J'avais préparé tout le voyage, je m'étais beaucoup projetée. Alors lorsque nous nous sommes séparés, j'étais effondrée. Parce que je me disais que mes voyages allaient s'arrêter. Cela m'a profondément peinée. Je pense que c'est le fait de refuser cette fatalité, quelque part, qui m'a donné envie de partir seule. Je me suis dit que ce n'était pas la fin de ma vie si je me retrouvais toute seule, que je n'allais pas arrêter de faire ce que j'aimais. J'ai commencé à planifier mon voyage au détail près parce que je savais que c'était la peur de l'inconnu qui me freinait. C'est grâce à la préparation du voyage que j'ai réussi à vaincre cette peur de la solitude. »

Où es-tu partie pour ton premier voyage en solo ?

« C'était à Barcelone. J'avais réservé une chambre d'hôtel, j'avais vraiment planifié chaque jour. Je ne suis pas partie longtemps, seulement 3 jours, mais ça m'allait. Le premier jour, j'ai trouvé ça long, c'était quand même un peu pesant. C'était très curieux pour moi parce que c'était la première fois que je partais toute seule. Je me rappelle que j'avais appelé mes enfants, j'avais pris beaucoup de photos, j'avais sympathisé avec des gens à l'hôtel et ça s'est détendu comme ça. Je me suis surprise à aller demander des choses, juste pour provoquer l'échange avec les gens. J'avais compris que mon problème ce n'était pas tant de me retrouver dans un endroit que je ne connaissais pas avec des inconnus. En vérité, j'avais peur de l'absence de lien, de me retrouver sans contact humain. Le premier jour a été très compliqué jusqu'à ce que j'échange avec le réceptionniste de l'hôtel. On a eu de super échanges et ça a totalement changé ma journée. »

Qu'est-ce qui a changé (ou non) entre ce premier voyage en solo et tes voyages d'aujourd'hui ?

« Petit à petit, j'ai remplacé les hôtels par les AirBnb. Je préférais dormir chez l'habitant notamment parce que ça représentait davantage ma vision du voyage et du partage. Avec le temps, je me suis aussi familiarisée avec les réseaux sociaux. Mais ce que je fais aussi presque tout le temps, c'est de m'inscrire aux évènements locaux sur la plateforme Meetup pour faire des rencontres ciblées. Cela me permet de donner rendez-vous à des inconnus dans un lieu que je ne connais pas. C'est très excitant et on y fait de très belles rencontres. Mais il y a des choses qui n'ont pas changé depuis mon premier voyage. Déjà, à chaque fois je pars peu de temps et je prépare toujours mon itinéraire notamment pour rentabiliser mon temps étant donné que je pars sur de courtes périodes. J'en fais plusieurs dans l'année. Quand j'ai le coup de cœur pour une destination, il m'arrive d'y retourner plusieurs fois (je suis allée six fois à Porto par exemple) ou avec mes enfants (à Londres, Berlin ou encore Helsinki). Aller chez l'habitant, ça me permet vraiment d'apprécier la culture du pays. Et ça se passe tellement bien que ça devient des amis. Très souvent je les invite en retour à Lyon. J'ai des amis partout en Europe, on forme un peu une communauté de grands voyageurs maintenant ! Je trouve que faire cette expérience-là, appartenir à cette communauté de voyageurs, c'est vraiment enrichissant. »

Et est-ce que tu comptes te lancer de nouveau dans des aventures en solitaire ?

« Quand on commence à se prendre au jeu, c'est difficile de s'en défaire. Si bien qu'il me reste 5 capitales d'Europe que je n'ai pas encore vues et que je compte bien visiter. Bien que je sois en couple depuis bientôt

3 ans, j'aspire à partir seule pour encore bien des voyages. Pendant le covid comme je n'ai pas pu voyager "en vrai", j'ai voyagé "en faux", en regardant des reportages. Et du coup, ça m'a donné envie de préparer mon tour du monde à moi. Je me dis que quand j'aurais terminé mon tour d'Europe, j'aimerais bien me lancer dans un tour du monde de 4 à 6 mois. Je me suis même inscrite sur un site pour échanger avec des personnes qui ont fait leur tour du monde. »

Tu me disais tout à l'heure que, quand tu as fait ton premier voyage en solo, tu étais maman à cette période. Comment ça s'est passé ?

« Comme je ne partais que 3 jours, ce n'était pas insurmontable. À l'époque, mon ex-mari gardait les enfants un week-end sur deux et c'est aussi ça qui m'a permis de programmer ce type de voyage. Je pense que ça aurait été différent si j'avais été dans un schéma classique : le papa, la maman, les enfants. Moi j'étais divorcée et finalement mes voyages solo rentraient complètement dans mon mode de vie. Je pense à toutes les mamans qui sont dans un contexte plus "classique" on va dire, c'est plus délicat de dire à son mari : "Bon chéri je te laisse les enfants, je pars 3 jours en Islande et je reviens !" J'ai réalisé ce voyage à un moment de ma vie où c'était possible. »

Et donc tu penses que tu n'aurais pas fait ce voyage si tu n'avais pas été divorcée ?

« Non et d'ailleurs très clairement je ne l'ai pas fait. Les voyages que j'ai faits à cette période-là, c'était avec mon ex-mari ou avec mes enfants, mais jamais seule. Et c'est quand je me suis séparée de mon ex-compagnon que je me suis dit, je ne vais pas attendre d'être accompagnée pour voyager. Parce que j'adore ça et que j'ai envie de le faire. Il fallait que je trouve le moyen d'intégrer les voyages à ma nouvelle vie de maman célibataire. Et puis finalement ça s'est fait naturellement. »

Est-ce que tu appréhendais de voyager seule en tant que femme ?

« Franchement la question ne s'est pas posée puisque je suis restée en Europe. Il y a des destinations où, honnêtement, j'y réfléchirais à deux fois avant d'y aller parce que je suis une femme. Et d'ailleurs, je sais que pour mon tour du monde, il y a des pays que je vais zapper, parce que j'ai peur de ne pas m'y sentir en sécurité. Par exemple la Chine. J'ai une sœur qui a fait ses études là-bas, à l'époque j'avais très envie d'y aller parce que je savais qu'il y avait quelqu'un sur place pour m'accueillir. Aujourd'hui, j'y réfléchirai à deux fois quand même. Mais après, ces pays peuvent être dangereux pour tout le monde, pas forcément que pour les femmes. Par exemple au Yémen, que tu sois un homme ou une femme, je pense que c'est compliqué dans les deux cas. Donc moi, j'ai fait le choix de la facilité. Je pense que je ne suis pas très téméraire, je suis plutôt réfléchie. »

Y a-t-il d'autres freins auxquels tu as été confrontée pour réaliser tes voyages en solo ?

« Typiquement, mon ex-compagnon ne voulait pas voyager seul parce qu'il ne parlait pas anglais. Moi au début, mon niveau d'anglais était très faible. J'ai donc dû prendre des cours, faire de la correspondance pour améliorer mon anglais. Si aujourd'hui je devais partir seule alors que je ne parle pas anglais, je pense que ça serait vraiment très compliqué. Ça ne veut pas dire qu'on ne peut pas voyager seule si on ne parle pas anglais. Il existe toujours un moyen de se faire comprendre. Par exemple, avec des signes ou en utilisant Google Translate. Mais c'est tellement plus confortable de maîtriser la langue. Après tu vois, je suis allée à Porto et les gens là-bas ne parlent pas très bien anglais. Mais il suffit juste de maîtriser quelques mots pour engager la conversation avec des locaux. »

Qu'est-ce que tu aurais aimé qu'on te dise avant ton départ pour Barcelone, là où tu as fait ton premier voyage en solo ?

« Je crois que j'aurais juste eu envie qu'on me dise : "Fais-toi confiance et passe un bon moment, ramène de bons souvenirs." »

Quels conseils donnerais-tu à une femme qui hésite à se lancer dans un voyage solo ?

« Je pense que pour qu'elle se lance, il faut qu'elle désire ce voyage très fort. C'est le désir qui pousse à l'action. Quand on touche au désir, quand ça touche le cœur, l'émotion devient moteur et c'est à ce moment-là qu'on passe à l'action. »

Cindy

« Pourquoi les hommes pourraient voyager seuls et pas nous ? »

Cindy a 29 ans, depuis toujours elle est passionnée de voyages. Fan de couchers de soleil et de photographie, elle a voyagé dans près de 18 pays et est passée sur 4 continents différents : l'Europe, les États-Unis, l'Asie et l'Afrique. Sur son blog et sa page Instagram @cindiaries, elle partage son expérience de voyageuse solo avec une touche féministe.
Retrouvez Cindy sur Instagram @cindiaries et sur son blog « cindiaries.com ».

Est-ce qu'il y a un voyage qui t'a particulièrement marquée ?

« Je pense que celui qui m'a le plus marquée, c'est celui que j'ai fait en Inde. Je n'étais pas complètement toute seule parce que j'étais hébergée chez des Indiens et il y avait d'autres voyageurs qui logeaient avec moi. Mais la journée, parfois, je partais seule. C'était une expérience très enrichissante. Ce qui m'a le plus étonnée dans ce pays, c'est la place qu'ont les femmes dans la société. J'ai compris au cours de mon voyage qu'il y avait des règles de "bonne conduite" que les femmes devaient adopter. Sauf que moi, je n'étais pas au courant. J'ai donc fait des efforts vestimentaires, on ne peut pas s'habiller comme on veut quand on est une femme en Inde. Ce sont les femmes qui m'ont avertie. Par exemple, un jour je me suis mise en débardeur et une des femmes dans mon logement m'a prêté un châle pour me couvrir les épaules. Elle me disait : "Sinon, on va te regarder." »

Est-ce que tu recommanderais l'Inde comme première destination pour un voyage solo ? Parce que c'est un pays qui est souvent boudé par les voyageuses solo notamment à cause de la place des femmes dans la société. Qu'est-ce que tu en penses ?

« J'ai beaucoup aimé l'Inde même si c'est vrai que, dans la rue, on attire les regards en tant que femme blanche européenne. Ce ne sont pas des regards méchants, mais ça peut perturber. Je suis allée dans des endroits un peu reculés et je pense que certains locaux n'avaient peut-être jamais vu d'Européennes de leur vie. L'Inde est un pays de contraste, on aime ou on n'aime pas. Je connais des voyageuses qui sont parties en Inde en solo, mais honnêtement je ne le recommanderais pas pour une première destination. Je pense qu'il faut être un peu expérimentée avant de se lancer. Après, chacune fait comme elle le sent. Les gens sont toujours très accueillants sur place, mais les codes sont vraiment différents des nôtres et je pense que c'est ça le plus compliqué en fait. Il y a du bruit partout, des gens partout, donc ce n'est pas évident. »

Pourquoi as-tu choisi de voyager seule ?

« Parce que j'avais envie de tester. J'ai beaucoup voyagé avec des gens : mon copain, ma famille, mes amis, mais le voyage solo, je n'avais pas trop testé et j'avais envie de voir ce que ça faisait. Je voulais savoir si vraiment ce qu'on disait sur le voyage solo c'était vrai : est-ce qu'on se connecte vraiment à soi ? Est-ce que ça nous transforme ? Beaucoup de monde parle des avantages du voyage solo et donc j'avais envie de le voir par moi-même. Mais c'était aussi parce que j'avais du temps et que personne autour de moi n'avait ce temps-là en fait. J'ai choisi de faire un voyage en péninsule ibérique parce que pour un premier voyage solo ça me paraissait être une bonne première destination. Si j'avais un souci, je pouvais prendre un avion et être rentrée en 2 heures chez moi.

6 mois avant de partir, j'ai fait une dépression, j'étais suivie par un psychologue, mais j'ai quand même décidé de partir. Et clairement, ce voyage m'a aidée psychologiquement, à prendre confiance en moi, à écouter mon corps, mon rythme, à voir que j'étais capable de faire beaucoup de choses par moi-même. »

Est-ce que tu as eu des appréhensions avant ou pendant ton voyage solo ?

« Ma plus grosse peur pendant mon voyage, c'était de ne plus avoir d'argent. Je suis partie avec peu d'argent et ma crainte était d'arriver à la moitié de mon voyage et de devoir rentrer parce que je n'avais plus assez d'argent pour continuer. Mais j'ai quand même pu finir mon voyage, certes à découvert, mais je l'ai quand même fini. Après, j'avais peur aussi de me faire voler ou de casser mon matériel parce que j'avais mon appareil photo, mon ordinateur, etc. Mais finalement tout s'est bien passé. »

Est-ce que tu avais peur de te sentir seule ?

« Avant de partir, j'avais peur de m'ennuyer. Mais une fois sur place, j'ai compris que ça n'allait pas du tout être le cas. Il y a une semaine où j'étais un peu plus seule que les autres. Je sortais toute seule, j'étais dans des Airbnb, donc je ne rencontrais pas trop de monde. Après, j'ai décidé de retourner dans des auberges de jeunesse pour rencontrer plus de monde. Mais de toute façon, à aucun moment je ne me suis ennuyée. En plus, j'avais mon blog, donc je prenais beaucoup de photos, le soir je faisais du tri sur mon ordinateur, je filmais, etc. Le soir, j'en profitais pour appeler ma famille aussi. Même la semaine où j'étais plutôt seule, je ne me suis pas ennuyée du tout. »

Et est-ce que tu appréhendais de te sentir en insécurité ?

« Oui un peu, mais ce n'est pas ce qui me faisait le plus peur. Quand j'avais 18 ans, j'ai connu une fille qui s'était fait droguer dans un bar à Barcelone et ça m'avait marquée. Donc je savais qu'il fallait être prudente. J'avais peur plutôt de me faire draguer de manière insistante ou de me faire suivre. Mais au final, ça arrive partout. Moi, j'habite à Marseille, je sais qu'il y a plus de risque ici que dans n'importe quelle ville au Portugal. Après, je pense que ça dépend de l'éducation des hommes sur place aussi. En Espagne, je ne me suis jamais fait embêter.

Une fois, j'ai vécu une mauvaise expérience en Grèce. Un soir, je rentrais en taxi chez un ami qui me logeait sur place. Le chauffeur était sympa, on a discuté mais une fois arrivée devant mon logement, je lui ai demandé de s'arrêter au croisement de la rue. Il s'est arrêté et a commencé à mettre sa main sur ma cuisse en me proposant une cigarette. J'ai refusé, mais il a été insistant. Je suis sortie et je me suis assurée qu'il ne voie pas où je dormais. Au Portugal, le peu de fois où j'ai été embêtée, dès que je disais non, tout de suite le mec arrêtait.

Au Ghana aussi, il m'est arrivé une histoire comme ça. Je logeais cette fois-ci chez ma cousine et un jour je suis sortie faire une course au magasin du coin de la rue. Un homme est venu me voir pour me proposer son aide. Il était très sympa et on s'est mis à discuter. Au moment où je lui ai dit que je devais rentrer, il m'a immédiatement proposé de me raccompagner. J'ai refusé, mais il ne m'a pas lâchée. Ensuite, un autre mec est arrivé pour me défendre en me demandant si l'autre homme m'embêtait. Je lui ai répondu que je voulais juste rentrer toute seule et à son tour il m'a proposé de me raccompagner. En fait, les deux me suivaient. Du coup, comme je ne voulais pas qu'ils voient où j'habite, je suis allée dans une boutique de vêtements où je connaissais bien la vendeuse. Je lui ai expliqué la situation, elle m'a couverte et une fois que les deux hommes étaient partis, je suis rentrée chez moi. Le soir, j'ai raconté cette histoire à ma cousine et son mari. 15 minutes plus tard, le mari de ma cousine voit un des deux hommes dans la cour. Il l'a incendié, ça l'a donc remis à sa place et ça s'est arrêté là. C'est là que tu te rends compte que ça peut aller loin. Mais je suis contente parce que je trouve que j'ai bien réagi. Je me suis mise à l'abri, j'ai expliqué la situation à la vendeuse et finalement, ça s'est bien fini. Je ne sais pas si ces deux hommes me voulaient du mal ou non. Mais il faut que les hommes comprennent qu'ils effraient en adoptant un tel comportement. »

Est-ce qu'il y aurait un autre conseil que tu aimerais partager ?

« Je dirais qu'il faut se lancer. Pourquoi les hommes pourraient voyager seuls et pas nous ? Je pense aussi que c'est important de se renseigner sur son pays de destination. L'idéal, c'est de commencer par des destinations faciles, par exemple dans des pays européens. Le plus dur, c'est le départ vers sa première destination, c'est le premier cap à passer. Mais après, ça va tout seul, on ne voit plus le temps passer. »

Partie 4

Toolbox

Tous les outils qui existent aujourd'hui pour vous faciliter la vie en voyage solo.

Ici je vous offre les clés de ma caverne d'Ali Baba ! Des articles de blog, des applications, des groupes d'échanges, des livres, des podcasts, etc. Tout ce dont vous avez besoin pour organiser votre voyage en solitaire. Toutes ces ressources permettent d'apporter un complément d'informations pratiques au guide.

Petite précision : aucun outil présenté dans la Toolbox n'a fait l'objet d'un partenariat rémunéré.

Comment ça marche ?

La Toolbox est organisée sous forme de répertoire. Les thématiques sont rangées dans l'ordre alphabétique. Vous pouvez repérer les différents outils grâce aux icônes.

Les livres et revues

Les bonnes adresses sur le web

Les espaces d'échanges

Les applications

Les podcasts

Les astuces en plus

Les thématiques

- Alimentation
- Bagages
- Barrière de la langue
- Bénévolat
- Budget
- Contraception
- Covoyager
- Groupes d'échanges
- Hébergement
- Organisation
- Orientation
- Podcasts
- Récits de voyage
- Rencontres
- Sécurité
- Transport

Alimentation

Mises bout à bout, c'est l'une des dépenses les plus conséquentes ! Avec un peu d'astuce, vous pouvez facilement réaliser des économies tout en mangeant sainement et à votre faim.

Cuisiner en auberge de jeunesse

Quand on cuisine en auberge de jeunesse, on est souvent réduit à l'essentiel : un micro-ondes et une plaque de cuisson. Et on ne peut pas non plus transporter trop de nourriture sur soi sinon le sac devient lourd. Pour trouver des recettes avec peu d'ingrédients, il vous suffit d'aller sur le web ou dans une librairie pour trouver tout un tas de recettes à faire en 15 minutes (la collection Simplissime est très connue pour ça !). Pour vous éviter de transporter des livres de recettes dans votre sac à dos, pensez à créer un dossier photo dans votre téléphone avec toutes les recettes qui vous inspirent.
Si vous manquez d'inspiration, vous pouvez toujours aller jeter un œil sur Pinterest qui regorge de belles inspirations cuisine.

Deux applications très pratiques pour trouver des recettes simples à réaliser : **Kuri** et **Appetia** sont deux très bonnes applications qui vous permettent de trouver des recettes simples à réaliser, avec peu d'ingrédients et adaptées à vos goûts.

Cuisiner en camping ou en van

Si vous êtes plutôt livre, voici quelques livres de recettes faciles à réaliser en van ou au camping, pour cuisiner partout avec presque rien (des recettes qui peuvent aussi être utilisées en auberge de jeunesse).

- Les Recettes du campeur, Pauline Dubois-Platet, 9,95 €
- Cuisiner en van et en camping : 80 recettes pour manger sain, Delphine Lebrun, 13,95 €
- Cuisiner en van, chez Michelin, 13,90 €

Trouver les meilleures adresses

Trouver LE bon plan pour manger local et pas trop cher (tout en évitant les attrape-touristes) n'est pas toujours une mince affaire. L'idéal est de demander des recommandations aux locaux ou aux voyageurs que vous pouvez rencontrer sur votre chemin. Mais vous pouvez aussi trouver votre bonheur sur l'application **Mapstr.**

Comment utiliser Mapst ?

Vous pouvez placer des repères sur les lieux que vous préférez ou *que vous souhaitez visiter.*

Vous avez accès aux horaires et coordonnées du lieu.

Mapstr vous recommande les lieux à visiter autour et qui ont été recommandés par d'autres utilisateurs.

L'application vous permet :

- de créer une carte interactive avec tous vos endroits préférés (restaurants, cafés, lieux de visite, etc.) ;
- de découvrir les cartes d'autres utilisateurs. Si, par exemple, vous vous rendez à Los Angeles et que vous avez envie de trouver de bons restaurants sur place, il vous suffit d'aller dans l'onglet « découvrir » et de renseigner l'endroit qui vous intéresse pour retrouver toutes les cartes existantes.

Le Petit Futé propose également des cartes payantes à 3,99 €.

Trouver des restaurants veggie

Pour les vegans et les végétariens, l'application « Happy Cow » vous aide à trouver des restaurants qui proposent des plats adaptés à votre régime alimentaire dans plus de 180 pays.

Bagages

L'inconvénient quand on voyage seule, c'est qu'on ne peut compter sur personne pour surveiller ses affaires. Alors comment se simplifier la vie ?

Faire garder ses bagages le temps d'une journée ou plus

L'application « Bounce » permet de trouver des consignes de bagages facilement. Vous pouvez faire garder vos bagages à partir de 5 € la journée dans des lieux de stockage dédiés et sécurisés (hôtels, cafés, boutiques, musées, etc.) dans plus de 1 000 villes dans le monde.

Dans le même principe que « Bounce », il existe aussi « Nanny Bag » qui propose un tarif à 6 € la journée.

Barrière de la langue

Les guides de conversation

La plupart des guides de voyage contiennent des parties dédiées aux mots du quotidien qui peuvent vous aider à engager une conversation avec des locaux. Mais il existe également des guides de conversation plus complets, au format poche, faciles à glisser dans le sac à dos, pour vous apprendre à demander un renseignement, à commander un plat au restaurant, à réserver une chambre d'hôtel, etc.

Le gros avantage de ces guides, c'est qu'ils proposent une transcription des phrases en phonétique simplifiée : même si vous ne parlez pas un mot d'italien, vous pouvez très bien vous en sortir !

Quelques références de guides de conversation :

- Les guides de conversation en voyage Pour les Nuls.
- Les guides de conversation du Routard
- Les guides de conversation ASSIMIL
- Les guides de conversation Lonely Planet.

Saviez-vous que 80 % du vocabulaire que l'on utilise chaque jour se résume environ à 1 000 mots ? Pour parfaire votre anglais gratuitement, EF (Education First) vous offre un ebook contenant ces 1 000 mots à connaître avant de voyager. Voici le lien pour le télécharger : https://www.ef.fr/hub/20/1000words/

Les traducteurs

Je vous recommande sans hésitation **DEEPL**. Disponible également en application, DEEPL est un traducteur très fiable et précis (si ce n'est le plus fiable du marché).
Tout comme Google Translate, il permet de traduire toutes les langues et d'écouter la traduction (donc de faire parler le traducteur à votre place en instantané).
Selon le sens de votre phrase, DEEPL vous propose également de réajuster la grammaire et le vocabulaire de votre phrase, ce qui le rend plus précis et efficace que les autres outils de traduction.

Bénévolat

Si le bénévolat vous tente, je vous recommande de bien prendre le temps de vous renseigner sur l'organisme auprès duquel vous effectuerez vos missions. Pour éviter le piège des associations qui pourraient abuser de votre bienveillance, voici quelques sites où vous pourrez trouver des missions bénévoles de qualité.

Faire une mission bénévole en France

Vous trouverez ici des missions bénévoles fiables dans tous types de domaines un peu partout en France, pour du court ou du long terme :
- jeveuxaider.gouv.fr
- francebenevolat.org
- tousbenevoles.org

Faire une mission bénévole à l'international

Pour rechercher des missions à l'étranger, n'hésitez pas à rechercher sur Google les associations qui existent dans le domaine dans lequel vous souhaitez vous engager. Par exemple, si vous voulez protéger les tortues marines au Costa Rica, recherchez sur Google toutes les associations qui existent dans la région et visitez leur site. N'hésitez pas à les contacter par mail ou par Whatsapp pour un premier contact.
« Volunteer World » vous permet de trouver des missions à l'étranger par thème et par destination. Le contenu des missions et les tarifs sont très bien présentés et les anciens bénévoles laissent souvent des avis intéressants.

Le Wwoofing

Pour trouver des missions de Wwoofing, vous pouvez soit vous rendre directement sur le site de **Wwoofing** du pays dans lequel vous voulez wwoofer : Wwoof Australia, Wwoof Norway, etc., ou directement sur wwoof.net qui regroupe toutes les missions Wwoofing du monde.
Notez que pour devenir Wwoofeur, vous devez adhérer à l'association Wwoof du pays où vous vous rendez. Vous devez donc payer une cotisation annuelle qui varie selon les pays (en France par exemple, l'adhésion est à 24 €).

Budget

Gérer son budget est l'une des choses les plus stressantes en voyage. Voici quelques outils qui peuvent vous faciliter la vie.

Suivre ses dépenses

Pour suivre vos dépenses en temps réel, **« Bankin »** est votre meilleur allié. Si la plupart du temps, l'application est utilisée pour les dépenses du quotidien, elle peut tout aussi bien être utilisée pour vos dépenses en voyage.
Comment ça fonctionne ?
L'application est reliée à votre compte bancaire et suit en temps réel vos dépenses en les classant par thème : alimentation, loisirs, logement, etc. Cela vous permet de voir l'évolution de votre budget et de voir où vous dépensez le plus d'argent.

Éviter les frais bancaires

Payer en carte bancaire ou retirer de l'espèce hors Europe, peut vous revenir cher. Heureusement, il existe des banques qui proposent des services très intéressants pour faire économiser les voyageurs.
Revolut et **N26** vous permettent d'ouvrir un compte bancaire en 5 minutes sans vous déplacer en agence. Ces comptes sont gratuits et vous évitent de payer des frais pour les retraits ou paiements à l'étranger. Des offres très intéressantes pour les voyageurs avec des frais de gestion de compte assez faibles.

Convertir les monnaies

N'oubliez pas de télécharger une application sur votre téléphone pour convertir la monnaie rapidement. Il y en a tout un tas sur Google Play et sur L'App Store. La plus connue étant **Currency**.

Contraception

Tout savoir sur la contraception

Le site **Questions Sexualité** est une mine d'or pour toutes les personnes qui veulent en savoir plus sur la contraception. Bien évidemment, ça ne vaut pas l'avis d'une gynécologue ou d'une sage-femme, pensez à prendre un rendez-vous dès que possible si vous souhaitez changer de contraception pour votre voyage.
Vous pouvez également vous renseigner auprès d'un Centre de planification et d'éducation familiale près de chez vous.

Délivrance des contraceptifs

La référence en la matière est le site d'**Ameli** très complet à ce sujet : https://bit.ly/3c4BXyU.

En cas d'avortement

Woman on Waves est une association néerlandaise qui protège et accompagne les femmes qui sont victimes d'une grossesse non désirée. Leur application **« Safe Abortion »**, que vous pouvez télécharger sur App Store et Google Play, recense dans le monde entier les lois en vigueur en ce qui concerne l'IVG. Dans le cas où vous auriez besoin d'avorter dans un pays où l'IVG n'est pas légale, l'association vous propose de vous envoyer par courrier des pilules abortives.
Cet outil m'a été recommandé par Marine E., sage femme au Centre de planification familiale de Toulouse.

Covoyager

Trouver un partenaire de voyage sur Facebook

Pour trouver un partenaire de voyage, vous pouvez rejoindre le groupe Facebook : **« Rencontrer des Voyageurs - Trouver des Covoyageurs »** qui permet de rencontrer des voyageurs et voyageuses solo susceptibles de voyager avec vous. Avec ses 32 000 membres, il y a des chances pour que vous y trouviez votre bonheur !
Vous pouvez également aller jeter un œil au groupe **« Solo Female Travelers Connection »** : avec ses 150 000 membres, ce groupe (où l'on échange exclusivement en anglais) peut vous permettre de trouver une partenaire de voyage et même une pet-sitter ou une home-sitter !

Les agences spécialisées en covoyage

De plus en plus d'agences de voyage se spécialisent dans le covoyage. C'est une excellente alternative au voyage solo, notamment lorsqu'on veut voyager dans certaines régions du monde dans lesquelles on ne se sent pas à l'aise pour voyager seule. Voici quelques agences qui proposent des séjours en covoyage :

- « Double Sens » est une agence spécialisée dans le tourisme alternatif et durable. Elle propose notamment des séjours chez l'habitant pour vivre une aventure authentique ;
- « Les co-voyageurs » proposent plus de 200 séjours à travers le monde à vivre entre voyageurs solo. Le choix de voyage est large : safari, retraite yoga et bien-être, randonnées, etc.
- Les « Aventureurs » offrent des séjours en groupe (entre 3 et 12 voyageurs) pour les voyageurs qui ne veulent pas voyager solo et faire de belles rencontres.

Pour covoyager uniquement entre filles, vous pouvez aller jeter un œil au site de **« Copines de Voyage ».** Les voyages proposés par l'agence font rêver, la communauté semble être très bienveillante et leur système de fonctionnement, très pratique, favorise l'échange, le partage et la rencontre.

Voyager en Laponie avec Jenny

Vous voulez découvrir les aurores boréales, mais pas seule ? Jenny, que vous avez découverte dans les témoignages, organise chaque année des séjours entre voyageuses en Laponie.

> **« Depuis 2017, j'amène des groupes 100 % féminins découvrir les joyaux de la Laponie Finlandaise. »**

Pour en savoir plus, rendez-vous sur **« laponie-au-feminin.com »**.

Groupes d'échanges

Tous les groupes présentés ci-dessous se trouvent sur Facebook. Ce sont des groupes privés, vous devez donc envoyer une demande pour rejoindre la communauté que vous souhaitez. Pour ce faire, rien de plus simple, il vous suffit de vous connecter sur votre compte Facebook, de vous rendre sur le groupe qui vous intéresse et de cliquer sur « Rejoindre le groupe ».

Pour demander conseils, rencontrer des voyageuses et partager son expérience

VOYAGER AU FÉMININ EN SAC À DOS

Suivi par plus de 99 000 membres, ce groupe fondé par Jenny Diab a permis, depuis sa création, à des milliers de voyageuses d'échanger, de se conseiller et surtout de se rencontrer. Les échanges se font uniquement en français et le groupe est très actif.

À propos du groupe : « Le groupe Voyager au féminin en sac à dos rassemble toutes les voyageuses francophones du monde entier. Que vous soyez seule, en couple, entre copines ou en famille, ce groupe vous permettra de vous renseigner sur votre prochaine destination. Il permet aux femmes en voyage de se rencontrer et de partager un bout de chemin ensemble. »

WE ARE BACKPACKEUSES !

Un autre groupe de voyageuses solo francophones qui partage des conseils pratiques.

À propos du groupe : « On vous propose de vous joindre à nous, un groupe de voyageurs comme beaucoup d'autres mais dédié aux gonzesses ! Ici vous pouvez poser vos questions, partager vos astuces, vos expériences, vos ressentis, vos bons plans demander conseil… »

SOLO FEMALE TRAVELERS

Communauté anglaise de voyageuses solo, vous y trouverez des voyageuses qui viennent des quatre coins du monde prêtes à vous partager leurs meilleurs conseils sur votre destination (pièges à éviter, astuces, bonnes adresses, partage d'expérience, etc.).

À propos du groupe : « Hébergement gratuit et rencontres pour les femmes voyageant seules : Passez du temps ensemble, rencontrez, hébergez, restez, gardez la maison/les animaux ou échangez des maisons. »

WOMEN WHO TRAVEL

Une autre communauté de voyageuses qui échangent uniquement en anglais.
À propos du groupe : « Bienvenue dans le groupe Women Who Traveler de Conde Nast Traveler, un lieu où toutes les femmes qui s'identifient comme amatrices de voyages peuvent participer à la conversation. »

Pour trouver une couchsurfeuse

HOST A SISTER

Communauté mondiale qui regroupe plus de 340 000 membres, Host a Sister vous permet de trouver des femmes qui peuvent vous héberger (mais pas que !). Vous pouvez également proposer une rencontre entre voyageuses solo à l'autre bout du monde, ou encore trouver un compagnon de voyage. Les échanges se font uniquement en anglais.
À propos du groupe : « Nous sommes une communauté mondiale de femmes, un lieu où les sœurs peuvent se connecter pour nouer des amitiés autour du monde pendant leurs voyages ou même partager leur maison gratuitement dans le cadre d'un échange culturel. Host A Sister accueille toutes les femmes âgées de 18 ans ou plus, quel que soit le sexe qui leur a été assigné à la naissance. »

LES COUCHSURFEUSES

Avec ses 19 000 membres, Les couchsurfeuses est une communauté 100 % francophone et féminine de couchsurfing.

À propos du groupe : « Page consacrée au couchsurfing entre back-packeuses, vous backpackez et cherchez un couch pour la nuit ? Publiez donc une annonce. »

Hébergement

Couchsurfing

Il existe un certain nombre de plateformes pour trouver un couchsurfing. Elles fonctionnent toutes plus ou moins de la même manière. À noter que certaines sont payantes.

Couchsurfing est le réseau le plus connu. Depuis quelque temps, la plateforme est devenue payante (14 € par an).

Trust Roots et Be Welcome sont toutes deux de très bonnes alternatives à Couchsurfing si jamais vous ne trouvez pas votre bonheur.

Couchsurfing entre femmes

« Trouvez des hébergeuses de confiance pour vos prochains voyages solo »

Sister Home (La Voyageuse) est une plateforme de couchsurfing qui permet de mettre en relation des voyageuses solo et des hébergeuses en France et à l'étranger. Plus de 1 500 hébergeuses sont inscrites sur la plateforme, leurs profils sont scrupuleusement vérifiés pour vous garantir sécurité et sérénité. Le pass découverte (pour un abonnement de 2 mois) est à 79 € et le pass annuel à 119 €.

Couchsurfing pour les cyclo-voyageurs

WarmShowers, c'est la plateforme de couchsurfing dédiée aux cyclo-voyageurs.
En quelques clics, vous pouvez trouver des hébergeurs prêts à vous recevoir avec votre vélo. Une application recommandée par Léopoldine.

Organisation

Il existe plusieurs écoles pour organiser son voyage. Certaines préféreront tout préparer de A à Z, tandis que d'autres préféreront se laisser porter par le vent. Mais pour d'autres, organiser un voyage, c'est beaucoup de stress. Saviez-vous qu'il existe des Travel Planner ? Ce sont des professionnels indépendants qui proposent d'organiser votre voyage à votre place.
Olivia est Travel Planner. Elle conçoit votre voyage 100 % personnalisé et s'occupe de :

- créer votre itinéraire selon vos envies ;
- choisir vos moyens de transports ;
- sélectionner vos hébergements ;
- suggérer des visites et des activités selon vos centres d'intérêt ;
- concocter un carnet de voyage personnalisé comprenant entre autres votre programme journalier, des bonnes adresses, une carte interactive, des conseils et des astuces.

Pour en savoir un peu plus sur ses services, ses tarifs et comment elle peut vous accompagner, n'hésitez pas à la contacter sur son Instagram @voyageursambulants ou à aller jeter un œil sur son site « voyageursambulants.com ».

Orientation

Google Voyages

Google Voyages (ou Google Travel) est une très bonne application pour explorer une nouvelle ville. L'application vous suggère les lieux à visiter autour de vous, mais vous aide également à planifier votre voyage : comparateurs de vols (avec Google Flights) et comparateurs d'hébergements adaptés à votre budget.

Les Cartovilles

Je vous ai déjà parlé de Mapstr, l'application qui permet de créer une carte interactive avec tous vos endroits préférés et de suivre les cartes d'autres utilisateurs pour dégotter les bons plans.
Eh bien, sachez que Mapstr propose également en librairie des Cartovilles. Idéale pour les courts séjours urbains, la Cartoville se déplie et présente une carte des différents quartiers de la ville. Elle indique les incontournables : visites, restaurants, sorties, shopping, bons plans. Une façon originale de découvrir la ville autrement.

Télécharger un plan Google Maps en hors connexion

Pour utiliser **Google Maps** même hors connexion (sans Wi-Fi), voici comment vous pouvez procéder :

Dans l'application Google Maps, géolocalisez-vous ou recherchez l'endroit que vous souhaitez cartographier.

Puis du côté de la barre de recherche, cliquez sur votre profil et allez dans « Plans hors connexion ».

Placez le plan pour couvrir la zone que vous souhaitez télécharger. Appuyer sur « Télécharger ».

Podcasts

Les podcasts sont de très bons outils pour trouver des conseils et des récits de voyage inspirants.
Voici une liste non exhaustive de podcasts très intéressants sur le voyage solo au féminin que vous pouvez écouter sur Spotify :

Born To Travel

Doryane est une voyageuse solo de la première heure ! Je suis tombée sur son podcast que je trouve vraiment très intéressant. Chaque épisode reprend des problématiques très concrètes que rencontrent les femmes qui veulent voyager seules. À écouter sans modération !
Résumé : « Born To Travel, le podcast dédié aux femmes qui rêvent d'aventure et d'une vie plus palpitante ! Inspirer, soutenir, conseiller. Mon objectif avec ce podcast est de parler de voyage au féminin, d'encourager les femmes à dépasser leur peur de voyager seules et leur donner la dose de motivation dont elles ont besoin pour concrétiser leurs projets. Chaque

mardi, découvrez un épisode solo ou un témoignage d'une voyageuse qui vous boostera à sauter le pas. Ma philosophie est simple : Profiter de la vie et réaliser ses rêves. »

De vraies vies

« De vraies vies » présente des portraits inspirants de voyageuses qui ont concrétisé leurs rêves en osant se lancer dans le voyage de leur vie.
Résumé : « De vraies vies, c'est un podcast où j'interviewe des femmes qui ont osé faire ce qui leur plaît, changer, se lancer, grâce au voyage. Elles ont changé de métier, créé leur entreprise, entrepris un périple... bref, grâce à un (ou plusieurs) voyage(s), elles ont osé se lancer et faire ce qui les rendait vraiment heureuses. »

La Bougeotte

Laura, Daisy & Marine se retrouvent à chaque épisode pour échanger autour des problématiques liées au voyage au féminin. Il n'y a que 16 épisodes, mais tous sont très riches. Les sujets abordés sont très variés : matrimoine en voyage, sécurité, solitude, bénévolat, etc.
Résumé : « La Bougeotte, c'est le podcast qui s'adresse à toutes les femmes qui voyagent : que ce soit solo, entre ami-e-s, sur un coup de tête ou préparé depuis des mois. Nous allons à leur rencontre pour qu'elles partagent avec vous ce que le voyage leur a enseigné. Des conseils, des retours d'expérience et surtout beaucoup d'inspiration. »

Fill'Expats

Un très bon podcast sur le sujet de l'expatriation. Kelly Barichello, la créatrice du podcast, reçoit à son micro des femmes qui ont fait le choix de l'expatriation.

Résumé : « Fill'Expats c'est le podcast qui aide celles et ceux en quête d'épanouissement à se préparer à sauter le pas de l'expatriation. Kelly est une expatriée française depuis de nombreuses années. Alors qu'elle prépare sa prochaine aventure à travers le globe, elle décide d'aller à la recherche d'autres filles francophones expatriées aux quatre coins du monde. »

Voyages et turbulences

Celui-ci ne parle pas que de voyage solo au féminin, mais aborde de nombreuses thématiques très intéressantes : racisme en voyage, voyager avec des inconnu.e.s, voyager avec un handicap, etc.
Résumé : « Ce podcast est un savoureux mélange d'anecdotes, d'expériences, de témoignages, de rires, de jeux et de good vibes. Mon objectif : démocratiser le voyage, donner des clés pour voyager sereinement, parler des problématiques noires mais pas que. Nous parlons de voyage solo, en groupe ou encore en duo, nous aborderons tous les types de voyage. »

Récits de voyage féminins

Quand on se promène en librairie dans le rayon « récits de voyage », 8 livres sur 10 sont écrits par des hommes. Ici, on met à l'honneur les voyageuses qui ont prêté leur plume pour nous raconter leurs aventures.

Récits de voyage

L'Australie c'est en bas à droite, Anne-France Dautheville

« Ce devait être son dernier voyage ; ce sera le plus beau. Près de 25 000 kilomètres : c'est le tour complet de l'Australie qu'Anne-France Dautheville fit en 1975, à 30 ans, sur une BMW 750. Ce fut un tournant dans sa vie. Trois ans plus tôt, l'Afghanistan (*Et j'ai suivi le vent*) avait été la terre bouleversante des rencontres humaines ; l'Australie sera le voyage de l'émerveillement face à l'immensité d'un "monde-racines", un monde d'avant les êtres humains. »

La Vieille qui conduisait des motos, Anne-France Dautheville

« Dix ans qu'elle n'était pas remontée sur une moto ! Le jour de ses 60 ans, notre "biker" de choc cède de nouveau à l'appel de la route, enfourche une BMW 800 et part faire un tour de France de l'amitié pour fêter son anniversaire avec les gens qu'elle aime. Son "road trip" se révèle autant un récit de voyage qu'une méditation tonique sur la vie et une exaltation des sensations à moto. Si "le bonheur est dans l'errance", comme elle aime à dire, le nouveau livre d'Anne-France Dautheville brosse le portrait d'une mémé... »

Le Comino seule - 38 jours et 1 000 km sur le chemin de Compostelle, Cam Dewoods

« Une vie bien remplie, le travail, les amis, le sport, et le tout qui défile à toute vitesse... Ça vous dit quelque chose ? C'était le quotidien de Camille qui, comme beaucoup, avait terriblement besoin d'appuyer sur "pause". Plus facile à dire qu'à faire !
Mais en 2018, c'est le déclic. Cette idée qui lui a toujours trotté dans la tête refait surface... Partir sur Compostelle pour trouver les réponses à toutes ses questions. Et si c'était le moment ? C'est ainsi que démarre son incroyable aventure. Seule, huit kilos... »

Le Chemin des anges - Ma traversée d'Israël à pied, Linda Bortoletto

« Un chemin de randonnée long de plus de mille kilomètres traverse Israël en serpentant, ondulant et se tortillant : le Shvil, ou Israel National Trail. Peu de gens le connaissent et encore moins savent qu'on l'appelle aussi le "chemin des anges". Linda Bortoletto l'a parcouru seule pendant deux mois. Depuis la frontière avec le Liban, au nord, jusqu'à la mer Rouge, au sud, elle qui n'est pas juive, qui n'était jamais venue en Israël, elle dont la mère est musulmane, va, pas après pas, rencontre après rencontre, appréhender... »

Les femmes aussi sont du voyage - L'émancipation par le départ, Lucie Azéma

Celui-ci n'est pas un récit de voyage mais je vous en recommande vivement la lecture ! Dans son livre, Lucie Azéma retrace l'histoire des voyageuses solo. Elle parle notamment des difficultés qu'ont rencontrées, et que rencontrent encore aujourd'hui, les femmes qui veulent se lancer dans un voyage en solitaire. Un récit poignant qui nous permet de dépasser les jugements que peut avoir la société sur nos envies de voyage solo. « Pendant qu'Ulysse parcourt le monde et enchaîne les exploits, Pénélope demeure immobile, supporte l'attente, tisse et détisse son ouvrage, restant au passage fidèle à son époux. Quand l'homme part, la femme attend son retour. Les femmes étant historiquement des êtres captifs, le voyage est l'un des moyens les plus symboliques pour qu'elles s'affranchissent de leur condition : voyager est toujours pour la femme un acte fondateur ; c'est dire "Je vais où je veux, je ne suis qu'à moi". S'inspirant des histoires vraies de la littérature de voyage et de son expérience personnelle (dix ans d'arrivées et de départs), l'auteure évoque les territoires érotisés (comme le harem), dénonce la vision masculine de l'aventure et s'intéresse à la tension entre voyage et maternité. Lucie Azema le constate : il faut être libre "de" voyager et être libre "pour" voyager. *Les femmes aussi sont du voyage* s'adresse aux femmes qui sont déjà parties et à celles qui n'oseraient pas encore. »

Féminisme & histoire du voyage solo au féminin

Si vous avez envie d'aller plus loin sur l'histoire des voyageuses solo, voici quelques articles qui valent le détour :

- « Voyager seule : 150 ans de clichés », Betrand Tassou, BNF
- « Ces femmes se sont battues pour avoir le droit de voyager dans les années 1920 », Becky Little,
- « Pourquoi il faut arrêter de dire aux femmes qu'il est dangereux de voyager seule ? », Lucie Azéma, *Courrier International*
- « Voyager seule quand on est une femme », Megan Specia et Tariro Mzezewa, *Courrier International*

Rencontres

Faire des rencontres avant même de partir

Pour être sûre de rencontrer du monde sur place, quoi de mieux que de faire des rencontres avant de partir ?
Rendez-vous dans la section « groupes d'échanges », rejoignez la communauté qui vous inspire et envoyez un petit message sur le groupe pour échanger avec des aventurières qui voyagent au même endroit que vous au même moment.

Participer aux évènements locaux

« Meet Up » est une plateforme de réseautage mondiale qui réunit plus de 59 millions de membres. Vous pouvez organiser ou rejoindre un évènement organisé dans votre ville. Les évènements peuvent être payants ou gratuits, en ligne ou en physique.

Visiter une ville avec un local

Pour découvrir la ville tout en rencontrant des locaux et des voyageurs, rien de mieux que les free walking tour. Ce sont des balades proposées gratuitement (généralement en échange d'un pourboire) par des locaux qui connaissent leur ville sur le bout des doigts. Les visites peuvent se faire seul à seul avec le local ou en petit groupe. Pour trouver votre free walking tour, rendez-vous sur Freetour.com.

Rencontrer des voyageuses solo

« Nomad Her », c'est l'application à avoir quand on est une voyageuse solo ! Elle est 100 % dédiée aux voyageuses solo, gratuite et a de très nombreux atouts. Une fois votre profil créé, vous pouvez :

- échanger avec des voyageuses solo aux quatre coins du monde ;
- participer à des évènements en ligne ou en physique ;
- parcourir des guides pratiques concoctés par l'équipe de « Nomad Her ». Vous y trouverez notamment des conseils dédiés à chaque destination.

Aujourd'hui, l'application réunit plus de 10 000 membres de 170 nationalités différentes. La communauté n'attend plus que vous !

Sécurité

Se renseigner sur une destination

Avant de partir en voyage, prenez le temps de vous renseigner sur le site de France Diplomatie sur votre pays de destination et à vous inscrire au fil d'Ariane.
En créant votre compte, vous recevrez par mail, en temps réel, des informations et consignes de sécurité en cas d'incident dans votre pays de destination.

Numéros d'urgence

Tripwhistle est une application qui recense tous les numéros d'urgence de tous les pays. En un seul clic, vous pouvez appeler les pompiers, la police ou une ambulance dans le pays où vous vous situez.

Transports

Calculer son itinéraire

Pour trouver le transport urbain le plus adapté à votre besoin, vous pouvez toujours compter sur **Google Maps**. Très précise sur le temps de trajet et les horaires de bus, tram et métro, l'application est très simple d'utilisation.
Une autre application qui propose des services similaires, c'est **City Mapper**. L'interface est très intuitive et calcule le meilleur itinéraire en deux temps trois mouvements !
Pour des trajets plus longs, vous pouvez utiliser le site **Rome 2 Rio** (également disponible en application) qui inclut les itinéraires en avion, en train et en ferry. Le gros avantage de Rome 2 Rio, c'est que le site propose une estimation (assez fidèle) du coût de transport.

Voyager en train

Avec le **Pass Interrail**, vous pouvez voyager dans 33 pays européens avec un seul pass. Vous pouvez commander votre pass sans même définir vos dates de départ et d'arrivée. Il vous donne accès aux services de 40 compagnies ferroviaires et de ferry dans la plupart des pays européens. Les tarifs peuvent être intéressants selon le pays de destination et la période sur laquelle vous voyagez.

Voyager en bus

Voyager en bus en Europe n'a jamais été aussi simple ! Aujourd'hui avec un tout petit budget (et de la patience), vous pouvez vous rendre n'importe où en Europe pour trois francs six sous. **FlixBus** et **Blablabus** sont les réseaux de bus les plus connus. Mais d'autres réseaux locaux proposent des offres intéressantes.

Par exemple, si vous avez pour projet de voyager dans les Balkans, cette compagnie de bus est faite pour vous. Lux express est un très bon réseau de bus de luxe qui propose des tarifs très accessibles. Par exemple, pour un trajet Helsinki - St Pétersbourg, comptez 42 €. Une compagnie testée, approuvée et recommandée par Jenny.

Pour comparer et trouver les tarifs les plus intéressants pour vos trajets en bus, vous pouvez vous rendre sur le site ComparaBus.

Le mot de la fin

Je suis convaincue qu'il est possible de voyager seule tout au long de sa vie. Qu'il n'y a ni de bon ni de mauvais moment pour se lancer. Qu'il n'y a ni de bon ni de mauvais budget. Qu'il n'y a ni de bonne ni de mauvaise destination. Le voyage solo est une expérience qui apporte beaucoup à la vie d'une femme, peu importe le moment de sa vie.
J'espère que ce livre vous aura permis d'éclaircir les zones d'ombre qui vous empêchaient d'avancer et de concrétiser votre projet de voyage en solitaire. J'espère que les conseils, les témoignages et les outils réunis ici, vous aideront à partir sereine dans votre grande aventure.
Je souhaite à toutes les femmes qui le désirent de vivre, à travers le voyage solo, l'une des plus belles aventures de leur vie.

L'aventure continue sur les réseaux sociaux ! Retrouvez Voyageuse Solo sur Instagram (@voyageusesolo) et sur Facebook.

Dépôt légal : juin 2023
Achevé d'imprimer en juin 2023 par Typo'libris

Imprimé en Union européenne